para Francisco
EDIÇÃO ESPECIAL - 10 ANOS DEPOIS

CRIS GUERRA

para Francisco

EDIÇÃO ESPECIAL - 10 ANOS DEPOIS

1ª EDIÇÃO

RIO DE JANEIRO - 2017

CIP-BRASIL. CATALOGAÇÃO NA PUBLICAÇÃO
SINDICATO NACIONAL DOS EDITORES DE LIVROS, RJ

G963p

Guerra, Cristiana
   Para Francisco : edição comemorativa: 10 anos depois /
Cristiana Guerra. - 1. ed. - Rio de Janeiro: Best Seller, 2017.
   il.

   ISBN 978-85-465-0059-8

   1. Guerra, Cristiana -- Narrativas pessoais. 2. Mulheres - Brasil -
Biografia. I. Título.
17-43980
                                                           CDD: 920.72
                                                           CDU: 929-055.2

Texto revisado segundo o novo Acordo Ortográfico da Língua Portuguesa.

Para Francisco: Edição especial – 10 anos depois
Copyright © 2017 by Cristiana Guerra

Layout de capa: Henrique Lizandro
Imagem de capa: Fernando Martins
Projeto gráfico e editoração eletrônica: Henrique Lizandro

Capa
Foto: Fernando Martins | Maquiagem: Lis Peixoto
Fotos internas
Páginas 31, 32, 37, 47, 57, 61, 65, 68, 79, 82, 89, 136, 145, 149, 153,
165, 174, 177, 178, 179, 231, 232 e 240: arquivo pessoal
Pág. 51: Henrique Lizandro | Páginas 71 e 189: Elisa Mendes
Pág. 154: Fernando Martins | Páginas 174 e 237: Flávio de Castro
Ilustrações
Páginas 157, 158, 159: Gui Fraga

Todos os direitos reservados. Proibida a reprodução,
no todo ou em parte, sem autorização prévia por escrito da editora,
sejam quais forem os meios empregados.

Direitos exclusivos de publicação em língua portuguesa
para o mundo adquiridos pela
EDITORA BEST SELLER LTDA.
Rua Argentina, 171, parte, São Cristóvão
Rio de Janeiro, RJ - 20921-380
que se reserva a propriedade literária desta tradução

Impresso no Brasil

ISBN 978-85-465-0059-8

Seja um leitor preferencial Record.
Cadastre-se e receba informações sobre nossos lançamentos
e nossas promoções.

Atendimento e venda direta ao leitor
mdireto@record.com.br ou (21) 2585-2002

Para Francisco.
Para Guilherme.

Talvez este seja o maior dilema, o maior desafio, a maior coragem e o maior medo de todos: a morte. E talvez, em meio a tantos sentimentos assustadores, aconteça o encontro pleno com a nossa essência, com a nossa fonte de vida: a conexão de amor. Ao mesmo tempo, a perda, o espaço para nos transformar e crescer. O tempo da ausência de uma pessoa que fez toda a diferença em nossa vida e que nos deixa a continuidade do que somos – agora melhores.

Restituir a vida de praticamente quase tudo o que nos era valioso e nos foi tirado parece pouco perto do quanto a presença nos fez maiores e mais completos.

A coragem da Cris em trazer a ausência a um mundo onde há a forte presença de uma história que fez sentido me encantou, encanta e vai encantar a todos que tiverem a mesma coragem de encontrar sentido em uma dor absolutamente não desejada. Trata-se de uma possibilidade, pequenina e infinita, de continuidade, para muitos e para cada Francisco que deve sua vida a alguém que só se fez presente dentro do seu coração.

Percebendo a delicada e sensível presença, o texto da Cris consegue tocar nossos corações. Torna-se possível emocionar-se com o reencontro, e não mais com a experiência vazia da perda mais difícil.

Quando uma história é contada pelos olhos de quem a sentiu, há a possibilidade de continuidade eterna da vida, e este é o encanto transformador deste livro. E, como eu sempre digo, vivo e respiro, talvez este seja o nosso melhor segredo da experiência do encontro e da despedida: o amor é mais forte que a morte. O amor fica.

ANA CLÁUDIA ARANTES, MÉDICA GERIATRA
E AUTORA DO LIVRO *A MORTE É UM DIA QUE VALE A PENA VIVER*

SEM RESPOSTA

FROM: CRISTIANA GUERRA
DATE: WED, 17 JAN 2007 10:57:44 -0200
TO: GUIFRAGA
SUBJECT: BOM DIA.

Que dia lindo, né, amor?

Já passei lá na Magma e deixei o presente pro Marcos.

Ele não tava lá.

Eu amo você.

Um beijo.

18 de julho de 2007

SEIS MESES DESDE AQUELA MANHÃ

Na primeira vez que seu pai fez café da manhã pra mim, trouxe até a cama um ovo quente com torradinhas cortadas em lascas, dispostas no prato como uma fogueirinha.

Tão gostoso quanto comer as delícias que ele cozinhava era ver o prazer que ele sentia ao preparar um prato qualquer — mesmo um simples sanduíche. Bastava parar ao lado dele e dizer que estava com fome para ouvi-lo perguntando, animado: "O que você quer comer?". E um ovo frito virava a comida mais gostosa do mundo. Não era preciso ser apaixonado pelo seu pai para sentir isso.

Ele era um cara presente nas pequenas coisas da vida. Não nos dias de festa, tomando champanhe — no dia a dia mesmo. Mas, se fosse preciso, também providenciava o champanhe em plena segunda-feira à tarde.

Ele acordava cedo, olhava para o céu azul e comemorava. Sorvia cada raio de sol fazendo alguma coisa simples. Não passava um dia sem dar um abraço quente em alguém. E, nos raros dias em que tinha preguiça de acordar, esperneava na cama feito criança. Tinha o sorriso de uma delas.

Passávamos horas rindo juntos. Cantávamos ao longo de toda viagem. Fazíamos piada de tudo. Ríamos também nos e-mails que trocávamos, nos telefonemas. Era delicioso fazer e falar qualquer bobagem com ele, como também era bom ficar em silêncio. Com o seu pai eu tinha aquela sensação quase de alívio de quando a gente encontra o amor de verdade. Um dia você vai saber o que é isso.

O amor do seu pai por mim fez parte da minha vida antes mesmo de o namoro começar: na geleia de morango que ele fazia, no queijo que ele me trazia de presente sempre que ia ao Mercado Central, no abraço de todo dia de manhã, no jeito especial de me ajudar no trabalho ou mostrar um caminho mais fácil para fazer uma coisa qualquer. Sua presença trazia delicadeza pra vida da gente.

Nunca moramos juntos, mas brincávamos de casados de sexta a domingo. E era muito gostoso.

Quando eu estava esperando você, com aquele barrigão, era seu pai quem fazia supermercado pra mim. O último, eu me lembro: entre um item e outro da lista, encontrei chocolate amargo, azeitonas pretas bem grandes, biscoitos, frutas fresquinhas e o meu sorvete predileto.

O vidro de azeitona ainda durou muito tempo na geladeira, mesmo depois que ele deixou este mundo, me fazendo lembrar das palavras da sua bisavó Juju: "Que absurdo as coisas durarem mais que as pessoas".

E acredite, Francisco: naquela manhã de 17 de janeiro, na minha geladeira, havia um pote de geleia de morango que seu pai sempre preparava pra mim. E foi por volta das nove da manhã que eu comi a última colherada.

Ele me deu tanto amor, filho, que até a falta dele me deixou presentes. Descobri quantos amigos tenho. Aprendi a dizer "Preciso de você". E não passo um dia sem ver um amigo, sem falar ou ouvir uma palavra de carinho. Chamo as pessoas de queridas — e é sincero. Herdei os amigos dele e o amor dele pelos amigos.

Para mim ele também deixou uma família nova que, como você, aprendo a conhecer a cada dia. Que bom ter família de novo, meu filho. Que jeito lindo o seu pai encontrou de continuar vivendo.

Vejo você crescendo e penso em como seu pai ficaria feliz ao ver você tão parecido com ele. Fico em dúvida se ele trocaria fralda de cocô. Se ele aprovaria as nossas escolhas, essas que faço sozinha.

Mas de algumas coisas tenho certeza: ele adoraria fazer você dormir. E chegaria mais cedo em casa pra ver você acordado. E levaria você pro clube, pra passear no mato. E cantaria pra você.

Não consigo entender como seu pai desapareceu, como também não sei explicar o milagre do seu aparecimento, Francisco. Só sei que 2007 é o pior e o melhor ano da minha vida.

19 de julho de 2007

CARTAS AO VENTO

Pela primeira vez, eu estava distraída. Naqueles últimos meses, eu me despedia dele sem a sensação de que aquela poderia ser a última vez.

Talvez por isso eu não tenha dito a ele o quanto o amava. Está certo, ele sabia. Mas queria ter dito mais uma vez.

....

20 de julho de 2007

CALENDÁRIO

Tem dias que são o seu pai, Francisco. Amanhece, o sol lá fora diz o nome dele, o silêncio do sábado chora a sua ausência. E de repente tudo o que era alegria vira um buraco. Tem dia que tudo o que andei se desfaz. E volta uma tristeza aguda, a maior do mundo. Em dias como esses, só você faz sentido. Porque você é a continuação da nossa história. Tem dia que o sol pode brilhar lindo lá fora, mas é um brilho triste. Tem dia que nem chove, mas é dia de choro. Mas tem sempre um outro dia, filho. Foi você quem me ensinou isso.

DE: GUIFRAGA
DATA: 29 DE JUNHO DE 2006 10H16MIN49S GMT-03:00
PARA: CRISTIANA GUERRA
ASSUNTO: RE: ENTÃO:

Ei linda, que bom que vc foi à aula. Insista, não desanime, logo logo vc pega o jeito, mas quem tem que pegar bolinha é o seu professor, pago pra isso, kkk. Quanto à bunda gorda da outra jogadora, azar dela. Tem que suar muito pra ficar com a bundinha igual a sua. Provavelmente ela nunca conseguirá.
Você é linda. Um beijo bom, Gui

ON 29/06/2006, AT 10:14, CRISTIANA GUERRA WROTE:

A aula de squash foi boa. O professor é simples e simpático. Acho que vamos nos dar bem.

Quem disse que squash cansa? Que nada, no meu caso o que cansou mesmo foi ir pegar as bolinhas que eu nem conseguia acertar com a raquete. Minha participação no jogo foi como gandula. Eu esqueci esse detalhe: nunca, nunca me dei bem em nenhum esporte com bola, aí fui escolher justamente a menor bolinha — à beira dos 36 anos, depois de anos de vida sedentária. Pior do que isso, só se eu resolvesse jogar bolinha de gude.

Ainda não jogo com o corpo. Jogo com o cérebro. E ele joga mal. Custo a usar a perna certa no lado certo. Custo a entender o tempo da bola. Mas com jeito vai.

Já deu pra perceber que o braço vai trabalhar bastante. Com o tempo, estarei livre dos tchauzinhos de princesa. Aliás, já está doendo. Foi até difícil escrever esse e-mail.

Na hora de sair, observei a mulher que faz aula depois de mim — uma menina bonita, loira, três filhos, que entrou na quadra e mudou a vibração do local. Aí, sim, começou um jogo. Velocidade, assertividade, competição. E eu fiquei olhando humilhada do lado de fora do vidro.

Tudo bem, pensei. Ela é boa, mas a bunda é grande. Pelo menos eu sou magrinha assim, sem fazer nada.
Um beijo.

25 de julho de 2007

URGENTE

Preciso lhe dizer, Francisco:

— que, quando você aprender o que é pai, vai ter que aprender também o que é morte;

— que a morte é a única certeza da vida, embora a gente passe a vida inteira fingindo que ela não existe;

— que às vezes a vida inteira pode durar apenas 38 anos;

— que o mais importante é ter vivido 38 anos muito bem vividos;

— que, quando o teste de gravidez deu positivo, antes de parar pra pensar eu sorri;

— que depois de parar pra pensar eu continuei sorrindo;

— que eu continuo sorrindo até hoje;

— que você me faz querer brincar de novo;

— que você fez o seu pai voltar a fazer planos;

— que ele tinha adiado as férias para quando você nascesse;

— que, de uma certa forma, o seu pai já pegou na sua mão;

— eu não poderia ter escolhido alguém melhor com quem ter um filho — e ele me dizia a mesma coisa;

— que eu tinha uma urgência de amar e viver e estar perto seu pai que hoje faz muito sentido;

— que é horrível ver acontecer justamente aquilo que a gente teme;

— que você salvou minha vida.

28 de julho de 2007

MONTANHA-RUSSA

Ele me existiu intensamente por dois anos que pareceram uma vida. Continuar sem ele era começar de novo, de outro chão, como se acabasse de descer do carrinho depois de uma volta assustadora na montanha-russa. De repente, o que era rápido e intenso parou num segundo. Na minha cabeça, tudo continuou rodando. O perigo maior não estava no movimento do brinquedo. O perigo era seguir tonta, no silêncio, com o mundo balançando em volta.

....

QUANDO A RECÍPROCA NÃO É VERDADEIRA

Nos anos 1990, fui ao cinema assistir a um filme chamado *O carteiro e o poeta*. Enquanto estava na fila pra comprar o ingresso, alguém me contou que o ator principal tinha morrido do coração e não chegou a ver pronto aquele que seria seu primeiro filme. Resultado: no início da sessão eu já estava chorando.

O que sinto com a perda do seu pai é muito parecido. Dessa vez sou uma das atrizes do filme.

Não existem palavras para explicar, para sentir, para fugir. Mas elas são o que me resta. Como então? O quê, então? Não queria precisar das palavras. Elas nem podem me levar aonde quero ir. Queria mesmo era o motivo para não escrever.

Sensação parecida com aquela de estar no trabalho fazendo hora extra, morrendo de fome. Você procura algo pra comer, mas só tem água e café. O tempo passa, a fome aumenta, você toma mais um café. Depois toma uma água, e assim por diante.

Não resolve, mas não existe alternativa. Sem pensar, faço tudo para manter viva a presença de seu pai, seu jeito, sua história. Encho a casa de fotos, ouço nossas músicas, convivo com objetos que eram dele. Não posso deixar a imagem dele se dissolver a ponto de esquecer o que ele causava em mim. E, quando me acontece uma coisa boa, num átimo de inconsciência, é para ele que quero ligar e contar.

Falar, falar, falar. Do que vivi e do que não vivi.

Dos e-mails que ele não respondeu, do champanhe que finalmente eu entreguei para o amigo dele, do camarão que ele comprou pra mim e não fez, da partida de squash que nunca jogamos, dos livros que ele comprou e não leu, da barriga que ele não viu crescer mais, dos seus movimentos vigorosos que a mão dele não sentiu, do seu quarto que ele não viu pronto, dos móveis que ele não conheceu, das cortinas que ele não pôde aprovar, das fotos que ele não fez comigo, dos 62 anos que ele não comemorou com sua avó, da camisa que ele não usou, do comentário que ele não fez sobre o seu rosto que ele não viu, do primeiro banho que ele não lhe deu, do cigarro que ele não voltou a fumar, da cota do clube que nem chegou a ser dele, do aumento que ele não teve, do ano que ele praticamente não viveu, do navio em que não viajamos, da Trancoso que ele não me mostrou, da Paris que eu não pude apresentar a ele, do "eu te amo" que eu não disse naquele dia, do adeus que não nos demos, do apartamento que nunca compramos, dos velhinhos que não nos tornamos juntos.

Do telefone que não toca, do silêncio que grita.

Falo e ele não responde. Ainda assim, escrevendo posso colocar seu pai no seu colo. Mas não posso, filho, não posso colocar você no colo dele.

DE: GUIFRAGA
DATA: 10 DE JANEIRO DE 2007 16H6MIN4S GMT-02:00
PARA: CRISTIANA GUERRA
ASSUNTO: AMOOOOR

vc quer dormir comigo hoje, amorzinho meu? estou com saudades de dormir pertinho de vc.

um beijo goshtoso, com meu ipod no ouvido. rs

31 de julho de 2007

O DETALHE

Hoje voltei pela primeira vez à rua onde seu pai morava. Respirei fundo, acelerei e peguei o atalho que liga a nossa casa a casa que era do seu pai. Pelo caminho fui vendo as casinhas que a gente pensava em alugar. Um velhinho atravessava a rua, um menino pequeno se preparava pra soltar um papagaio. Tudo igual, no seu ritmo. Só um detalhe: no prédio em frente ao qual estacionei o carro, não mora mais um tal Guilherme Fraga. O sapateiro continua ali. Deixei a bota pra colar a sola e conversei cinco minutos com o sujeito que sempre esteve ali. Naquele dia, como em tantos outros, seu pai voltou do squash, entrou em casa, saiu pra passear com os cães e voltou pra se trocar para depois ir trabalhar. O detalhe: naquele dia, ele não foi trabalhar. O bairro continua sua rotina. A minha é que mudou com esse detalhe. A tragédia com o avião da Tam matou muitas pessoas, mas não fez diferença para nós dois. Seis meses antes, meu filho, não aconteceu nenhuma tragédia coletiva. Simplesmente um coração parou de bater. E o seu coração batendo dentro de mim é que me manteve viva. Me lembrei dos nossos planos de envelhecermos juntos. E por um lado achei bom saber que seu pai não vai envelhecer, nem adoecer. Melhor assim. Preciso acreditar que foi melhor assim.

....

DUAS COISAS QUE APRENDI:

1. À noite, o sono me traz a ilusão de que não estou sofrendo.

2. A vida não é sempre alegre ou sempre triste: existe alegria na tristeza, tristeza na alegria.

13 de agosto de 2007

SEGREDO

Faz sete meses, filho. Aos poucos ele viria para cá, eram nossos planos. E nesse dia ele ganhou de presente as chaves da nossa casa. Ficou feliz feito criança. Uma semana depois, lamentei que ele não tivesse me dado as chaves da casa dele. Tive que invadir — eu, que sempre cuidei de respeitar sua privacidade. Minhas chaves estavam lá, guardadas com carinho — ele nem teve tempo de usá-las, não precisa mais de chaves. Deixou aquelas e levou com ele uma outra chave, não sem antes trancar lá dentro um amor enorme. Essa, ele nunca devolveu.

....

17 de agosto de 2007

SÍNTESE

É que o seu pai vai ser sempre o seu pai, Francisco. Ele não vai ser sempre o meu amor. Minha vida precisa continuar, e isso me dói. Dói muito.

....

20 de agosto de 2007

ACHADOS

Em 7 de setembro do ano passado, escrevi assim no meu diário: "O Gui estava muito emotivo e choroso hoje. Disse estar feliz demais. Hoje falamos do bebê com muito desejo e esperança. Pela primeira vez, consegui deixar o medo mais distante. Quero muito que tudo dê certo. Quero muito ser essa família com o Gui".

26 de agosto de 2007

SOLIDÃO

É quando você descobre que a única pessoa que conhece a sua alma já não está mais aqui.

....

28 de agosto de 2007

NÃO CABE

Tão fácil me habituei à sua presença, filho. Tão difícil acordar e não procurar seu pai por onde vou. A falta dele ocupa um espaço muito grande na minha vida.

DE: GUIFRAGA
DATA: 27 DE JULHO DE 2006 17H37MIN27S GMT-03:00
PARA: CRISTIANA GUERRA
ASSUNTO: EI, LINDA

é só pra te dar um beijo bem goshtoso. pra dar outro beijo bom no nosso filho(a)(s) lindo(a)(s).

31 de agosto de 2007

EU, SUA MÃE

Não quero falar só da falta, filho. Mas parece que foram as faltas que me trouxeram até aqui. Sou cheia de buracos, mas eles também me riem. Acontece que muita coisa mudou nos últimos sete, oito meses. Mais precisamente, no último ano inteiro. E não deu tempo de me encontrar de novo no meio de tudo. A notícia da sua vinda foi um susto delicioso. Depois, o medo de perder você. Mas a barriga crescia e, com ela, expectativas, meu amor pelo seu pai, o amor dele por mim, minha confiança no futuro, nossos planos de finalmente construir uma família. E o medo de perder seu pai ia desfocando na minha cabeça. E enfim ele se entregava, como se a sua vinda também o tivesse confundido. Até que descansou no amor. Descansou mesmo. Desligou. Tudo fez sentido, todo o medo que eu sentia o tempo todo, todas as fugas de que ele fugia. Parecia final de filme, o desfecho de uma história fantástica. Por pouco não ouvi uma trilha apoteótica e os aplausos de pé. Teve plateia, sim. Mas era uma plateia atônita. Tanta gente deixando o seu choro pra depois pra me acudir. Era uma história, sim, filho. A história da minha vida. A história do seu pai. Era a sua história começando de um final tão bonito quanto trágico. Tanta história em tão pouco tempo. Tanta falta pra tanto tempo pela frente. E um amor que doía de intenso e que agora dói de ausência. Depois, o amor por você. Tanto. Todo. Tonto. Que dói de bom e dói de falta. O que rio ao seu lado, escondo em choro. O quanto sou feliz por ter você é o quanto sou triste por ele não ter. Por isso embarquei numa viagem desenfreada. Excessos. De alegria, risos, mudanças, amigos, fotos, filmes, falas, compras, caderninhos, conclusões. Para não faltar, para o imprevisto ser previsto, para não perder a fé. E uma grande dificuldade de ficar quietinha em mim. De saber o que quero. É que eu ainda não assentei em mim de novo. Sou outra pessoa. Sou mãe. Continuo forte, sempre fui. Mas sou mãe. E o seu pai não está me vendo ser mãe. E eu não o estou vendo ser pai. Mas eu estou vendo você, filho. Vendo e vivendo você. E é maravilhoso e é indizível. Mas, como em meu amor pelo seu pai, continuo buscando o sentido em mim. Porque um dia você vai ganhar o mundo, e a essa altura eu já quero ter me ganhado de novo.

4 de setembro de 2007

ETERNO

Não sei dizer por quê nem pra quê, mas uns dias antes eu disse a ele, chorando: "Amor, eu tenho tanto medo de você morrer". E ele me respondeu sorrindo, sereno: "Amor, eu não vou morrer nunca. Você também não". Acredito.

....

7 de setembro de 2007

O FURO

Tenho carregado comigo o diário de bordo que criei em dupla com seu pai. Um caderninho que todo ano a agência oferece para os clientes e parceiros. Em 2005, fizemos juntos esse trabalho, depois de um parto difícil. Passamos muito tempo discutindo e pensando, com direito a algumas crises no namoro por conta do processo de criação. Depois nos sentamos lado a lado para ver referências, escolher imagens e dar o tom do nosso diário. Mais uma vez pude ver o tamanho da nossa afinidade. Como deveríamos criar algo que fosse sensorial, ele sugeriu que o caderno tivesse um furo no meio da página, de fora a fora. Da capa à quarta capa, passando pelas páginas internas, todo o diário trouxe o furo como novidade. Chamei de "pequeno diário do que não cabe". Por ironia, foi nele que comecei a escrever quando nos separamos. Para dar conta do que eu sentia, era necessário falar com alguém. Elegi o caderninho. Algum tempo depois, foi no mesmo diário com o furo que comecei a escrever para seu pai o que agora seria impossível que ele lesse um dia. Pela primeira vez, questionei o furo. É muito incômodo escrever com um buraco no meio da página. Viver sem ele é assim.

Mas chega o momento em que a gente se acostuma. Para dar conta da morte, a gente arranja uma espécie de esquecimento, não da pessoa, mas da sensação que tinha ao lado da pessoa. Assim esqueci como era ter a mãe linda que tive, esqueci o reencontro mágico com meu pai durante a sua viuvez. E tenho medo de esquecer tudo o que me arrebatou no seu pai. Anestesiei o sentimento, fiz dele álbum de fotografias, que se folheia com um sorriso doce. Não há espaço para lamentar a falta. Todo dia encontro o buraco no meio da página. Contorno o buraco, e ele vira ponto-final; encerra-se a dor, e fica só a leveza do que foi presença.

DE: GUIFRAGA
DATA: 13 DE NOVEMBRO DE 2006 10H17MIN22S GMT-02:00
PARA: CRISTIANA GUERRA
ASSUNTO: BOM DIA

bom dia, minha pequena.

um beijo do papai no cisco e vários em vc

bjbjbj

10 de setembro de 2007

EU, VOCÊ E FREUD

Você já tem quase seis meses, e eu ainda não consigo acreditar que era você dentro de mim nesses nove meses de gravidez. Hoje você mamou quase o tempo todo segurando a mamadeira. Outro dia pegou meu rosto com as duas mãozinhas, olhou muito pra mim e me lambeu com gosto. Agora faz isso algumas vezes por dia — e eu adoro. Você é saudável, parece um bebê feliz e me olha muitas vezes, como se brincasse comigo. Acho que tem humor, o que já era de se esperar, a contar pelos pais que tem. Você veio num momento em que eu não pensava mais em ter filhos, tinha chegado à conclusão de que isso não era pra mim. Adorei estar grávida. Curti cada minuto desses nove meses, mesmo depois que perdi seu pai. Adoro saber que você é filho do Gui. Não sei se eu seria a mãe que sou hoje se tivesse seu pai ao meu lado. Talvez eu fosse pior em algumas coisas, melhor em outras, mas com certeza a perda do seu pai me fez amadurecer e me voltou a atenção para algumas coisas essenciais que provavelmente eu não perceberia sendo mãe em um casal. Também não seria quem sou hoje se tivesse meus pais comigo. Por outro lado, tenho medo de errar em muitas coisas, mas sei que toda mãe erra, de um jeito ou de outro. Se eu perder a moral com você, não tenho a quem recorrer. Perco e pronto. Isso me amedronta. Mas não sou e nem quero ser a Mulher-Maravilha. Acho uma delícia passar o fim de semana com você, mas, invariavelmente, me sinto sozinha e desprotegida. Não daria conta do dia a dia sem uma boa babá e uma pessoa para me ajudar na casa. Uma das formas de ser uma boa mãe pra você é tê-las ao meu lado, e eu o faria também com seu pai aqui. Hoje penso que meu formato de vida com seu pai era perfeito e continuaria sendo depois de você. Sempre achei que não seria o ideal a gente morar juntos, embora achasse romântica a proposta dele. Estar sob o mesmo teto o tempo todo não é absolutamente necessário para provar que duas pessoas se gostam. Acho que você será meu único filho. Eu quis muito que o seu pai fosse o último homem na minha vida, queria ficar com ele pra sempre. Brincávamos de ficar velhinhos juntos e tenho certeza de que seria uma boa ideia, pois o nosso papo era delicioso. Sinceramente não encontrei ainda alguém com quem eu tenha tamanha afinidade, mas acredito que isso possa acontecer. Não tive tempo de procurar e sei que na vida não é assim que a gente acha alguém. Eu me acho boa companhia e não quero ser uma mãe grudada em você. Quero muito ser sua amiga. E vou adorar quando você tiver idade pra vir dormir na minha cama de vez em quando. Aproveito que a nossa família é peculiar pra poder desrespeitar algumas leis. Nas últimas três noites você dormiu muito bem e foi uma delícia. Foi feriado e tínhamos passado três dias inteiros juntos. Acho que a gente está ficando mais à vontade um com o outro. Por hoje é só. Daqui a pouco vou ter vontade de lhe dizer mais coisas. Filho querido.

....

19 de setembro de 2007

A FALTA DA FALTA

As pessoas me dizem que você nunca vai sofrer a falta do seu pai, pois não chegou a conhecê-lo. Acho isso muito triste. Minha mãe não conheceu o pai, a história dela é como a sua. Mesmo assim, ela contava um caso dele, um único caso, e sentia amor pelo que esse pequeno episódio dizia sobre ele. Herdei essa historinha do meu avô e narro para outras pessoas, como se o tivesse conhecido. Gosto da imagem doce e bem-humorada que tenho dele. Também olho as fotos dos meus pais e acho uma delícia a saudade que sinto deles. Faltas também fazem parte, filho. Faltas são a prova da presença. Se depender de mim, você também vai se emocionar e gostar de contar as histórias do seu pai. Ele é sua família. E, apesar de não estar mais aqui, foi maravilhoso ele ter passado pela minha vida. Tudo pareceu um sonho, mas não foi. Você é a prova.

....

19 de setembro de 2007

O NOME DA DOR

Eu tive pai e mãe. E os perdi cedo, conheço essa dor. Para mim, a perda do seu pai dói muito diferente. Ele não era de onde eu vinha. Era para onde eu ia.

20 de setembro de 2007

TODO DIA

Hoje eu acordei, vi você feliz no seu berço, brincando de abrir e fechar a boca. Como sempre, ao me ver você sorriu. Peguei você no colo, nos olhamos os dois no espelho e continuamos brincando. Eu abria e fechava a boca, você imitava. Você está a cada dia mais bonito e tem sido difícil sair para o trabalho. Sempre dá vontade de ficar mais um pouquinho. No caminho da agência, que não dura mais que seis minutos, como sempre me peguei com vontade de chorar. Ainda não chorei a falta do seu pai do jeito que ela merecia. Ou talvez a vontade de chorar nunca vá cessar. Como o dia amanhece sempre novo, todo dia amanhece uma nova vontade de chorar. Por que não? Chorar faz bem. Quem me conhece me vê rindo todo dia. Sou alegre, até palhaça. Eu e seu pai fazíamos palhaçadas 23 horas por dia. Mais do que isso, sou feliz. Mas sou triste também, sou as duas coisas. Quero deixar de sentir tristeza, mas será que devo exigir mais isso de mim? Essa coisa de ser pai e mãe e patroa e dona-de-casa e publicitária e mulher e criativa e pessoa-cheia-de-fé-na-vida me deixa a mil por hora o tempo todo. O corpo padece. Perco o tempo que eu teria com você fazendo coisas práticas. Nas horas vagas, durmo. Nas horas vagas, abasteço a casa. Nas horas vagas, encontro os amigos. Nas horas vagas, não leio porque sempre me sinto cansada. Não há vaga para o choro. Ao chegar à garagem da agência, vi um cachorro parado no meio da avenida. Temi por ele, gritei pra que ele saísse, mas, além de sarnento, ele estava fraquinho. Veio um carro, e ele foi para o outro lado da rua. Fechei os olhos e os ouvidos, entrei na garagem. Eu teria ligado para o seu pai. Ao menos teria desabafado com ele. Ou teria escrito um e-mail pra falar sobre isso. Escrever e-mails para seu pai e receber os dele eram das coisas mais gostosas da vida. Ele gostava de escrever. Escrevia pouco, mas lindamente. Me fazia sorrir mesmo nos dias de maior depressão. Tudo isso hoje está doendo muito, filho. Mas você é a parte boa. Você é meu pequeno, que faz minha maior alegria. Me perdoe se coloco em você um excesso de sentimentos, de expectativas. Você é só um bebê de seis meses, e talvez eu escreva para isso mesmo, para colocar tudo aqui e não em você. Mas um dia, confesso, quero poder chorar a falta dele no seu colo.

3 de outubro de 2007

QUASE NADA

Hoje fui fazer um exame na clínica em que fazíamos as ultrassonografias durante a gravidez. Parei o carro no lugar de costume e, no caminho a pé até o local do exame, me lembrei de como eu e seu pai disfarçávamos a ansiedade antes de cada ultrassom. O primeiro deles foi o mais difícil. Insegura devido a dois abortos que tive no meu outro casamento e depois de ter tido um sangramento, eu tentava preparar seu pai para o pior. Nem deixei que ele curtisse inteiro a delícia de saber que ia ser pai, tamanho era o meu medo de que ele sofresse uma decepção. Esperamos bastante até ser atendidos. Na hora H, vimos uma coisinha de sete milímetros cujo coração batendo se fazia ouvir em alto e bom som. Era você. E era seu pai vendo você. Eu me lembro que ele apertava os dedos dos meus pés descalços enquanto eu chorava. Um outro coração batendo dentro de mim, isso era milagre. Ele chorou também, eu sei. Saímos do consultório como dois adolescentes e, na porta, um abraço misturou soluços e risadas. No caminho de volta para o carro, um desses momentos em que a gente sabe direitinho o que é felicidade: aquele espaço rápido entre uma ansiedade e outra, em que tudo parece perfeito. E é.

DE: GUIFRAGA
DATA: 17 DE NOVEMBRO DE 2006 16H54MIN0S GMT-02:00
PARA: CRISTIANA GUERRA
ASSUNTO: MINHA RAQUETE NOVA

Hoje ganhei uma raquete nova.
Minha raquete nova é bonita, é bonita.
Quem me deu minha raquete nova foi o meu amor.

meu amor de raquete que meu amor me deu de gostosa que ela é

um beijo

                                                        outro beijo
um beijo
                                                       outro beijo
outro beijo
                                                       um beijo
beijo outro

amorzinho, eu te amo, viu?

Bjbjbjbjbj

6 de outubro de 2007

ALL MY LOVING

Hoje seu pai faria 39 anos. Se estivesse aqui, eu daria um jeito de acordar mais cedo que ele, pegaria você no colo e iríamos os dois acordá-lo com beijos, babas e um presente escolhido com muito carinho. Ou talvez isso se tornasse um hábito diário, e não privilégio dos aniversários. Como ele não está mais aqui, deixo de presente a alegria de saber que há uma semana você começou a se arrastar e logo vai estar engatinhando. Pensando nele, acabamos de dançar de rostinho colado, eu e você, como fazemos quase todas as manhãs. Dessa vez a música era "All my loving", dos Beatles, na voz da Rita Lee. Remember I'll always be true. Como sempre, em alguns momentos você cantarolou — no tom. Assim multiplicamos o amor que sentimos um pelo outro e mandamos para seu pai a energia de amor mais forte do mundo. And all our loving we'll send to you. Meu amorzinho. Meu pequeno grande amor.

....

9 de outubro de 2007

YOU ARE MINE AT LAST

Seu pai vivia me dizendo coisas com músicas. Um jeito charmoso de dizer tudo sem se comprometer. (Seu pai era charmoso demais.)

Uma das primeiras músicas que ele me mandou foi a que dançamos hoje de manhã, na voz da Dinah Washington. Para a paixão que a gente sentia, fazia todo o sentido.

At last my love has come along

My lonely days are over

and life is like a song.

At last the skies above are blue

My heart was wrapped in clover

the night I looked at you.

I found a dream that I can speak to

a dream that I can call my own.

I found a thrill to press my cheek to

a thrill I've never known.

You smiled, and then the spell was cast

And here we are in heaven

for you are mine at last.

Durante a gravidez, como em todo o namoro, eu e seu pai dançávamos muito. Passos cadenciados, sim, mas ele não perdia a capacidade de me surpreender. Durante a gravidez, como em todo o namoro, ele me conquistava. Aos poucos desenvolvi minha habilidade para acompanhar aqueles passos. Acho até que fiquei boa nisso.

Pensando bem, tem fundamento você gostar tanto de música, gostar de dançar e cantar comigo. Éramos nós três, filho. Família reunida dançando no meio da sala.

**DE: GUIFRAGA
DATA: 11 DE OUTUBRO DE 2006 9H32MIN16S GMT-03:00
PARA: CRISTIANA GUERRA
ASSUNTO: RE: A GRANOLA ENCANTADA.**

amor, que goshtoso!!!!

fico feliz demais que vc tenha gostado. amo você, linda.

um beijo bom e visionário

Gui

ON 11/10/2006, AT 09:50, CRISTIANA GUERRA WROTE:

Amorzinho, que granola mais gostosa. Comi com prazer e, quando vi, já estava colocando mais.

O Francisco, antes mesmo de conhecer o pai, já é seu fã. Afinal, você foi responsável pela primeira obra importante na vida dele: a implantação do serviço de limpeza urbana próximo ao seu local de moradia.

Um visionário, praticamente um JK.

Que carinho, amor. Você é o máximo.

Um beijo, bom dia.

Cris.

10 de outubro de 2007

EU, RIO DE MIM

Você vai aprender, filho. Que na vida a gente às vezes pensa coisas horríveis. Eu, por exemplo, quando só pensava em engravidar de novo depois dos dois abortos, via uma mulher grávida na rua e dizia "Por que ela pode e eu, não?". Anos depois, quem diria, eu passearia pelas ruas empinando a barriga, com você embrulhadinho lá dentro. Então, perdi seu pai. E ao ver uma gestante passei a pensar: "Garanto que ela deve ter marido". O ser humano é engraçado. Vê antes a falta do que a presença. Ainda bem que eu sei rir de mim. Ainda bem que você ri pra mim.

....

15 de outubro de 2007

MEU 007

Eu queria ver *Volver*, ele queria ver *Cassino Royale*. Graças a Deus, escolhi a opção dele. Foi o último filme que vimos juntos no cinema e o meu primeiro 007. Mérito também de um amigo meu, que me fez entender que eu estaria diante de uma espécie de primeiro filme da série, agora com o Daniel Craig no papel de James Bond. Acho que foi no domingo, 14 de janeiro. Antes de entrar, ele riu de mim. Fomos comprar a tradicional pipoca, e a mulher perguntou: "Uma Coca de 750 ml ou duas de 500?". Prontamente eu respondi "duas de quinhentos", com um risinho escondido no canto da boca. Piadinha particular do casal, que sempre protagonizava uma cena divertida: uma Coca-Cola só, e, quando eu finalmente ia beber, ele já tinha sorvido 80% dela, o que me causava sempre uma irritação. No fim do filme, eu tinha sofrido e estava apaixonada. "Eu quero esse homem pra mim", disse, brincando, depois de um suspiro. "Vai ter que se contentar comigo", ele respondeu. Mal sabia seu pai que ele era o James Bond dos meus sonhos. Aliás, sabia sim: fez isso de puro charme. No estacionamento, como de costume, dei uma discreta beliscadinha em sua bunda. Como de costume, ele riu satisfeito. A saudade que eu sinto, filho, é dele inteiro. Bom, ainda posso tentar alguma coisa com o Daniel Craig.

25 de outubro de 2007

COMO MÚSICA

Não existe despertador melhor que você no comecinho da manhã. É um estímulo e tanto para sair da cama. Você brinca, canta para si mesmo, experimenta a voz e os sons que é capaz de produzir. E, quando me vê, depois de um sorriso, entoa uma notinha, insinuando que quer dançar. Isso se tornou um hábito. Aperto você bem junto a mim, você mantém seu ouvido no meu coração, e juntos dançamos pela sala. A mesma que foi palco da minha história com seu pai. Agora é você quem acompanha os meus passos. É bom, intenso, delicioso. Somos um só: sou eu grávida de você de novo. Seu disco preferido é "Universo particular", da Marisa Monte, cuja sonoridade é bem confortável pra mim. Mas também já ouvimos Beatles, Dinah Washington, Rita Lee, João Gilberto. Arrisco meus agudos, eles o contagiam, e você começa a cantar também. Acho que você vai ser o maior pé de valsa, que nem o seu pai. Espero que eu consiga ensinar alguns passos, mesmo que ultimamente eu ande perdendo os meus. Sensibilidade, você parece ter. Seu pai tocou vários instrumentos, e é uma pena que não tenha dado tempo para ouvi-lo tocar algum. Um de seus planos era voltar a ter um piano. Eu já fiz aula de canto e amo música. Ouvimos muita coisa boa enquanto esperávamos você chegar. Cantamos e dançamos muito. É maravilhoso ver você sorrindo, cantando, sentindo. Alegre, bem-humorado, de bem com a vida. Vamos dançar assim enquanto eu aguentar carregar você. Depois a gente troca.

....

29 de outubro de 2007

UNIVERSO AO MEU REDOR

E, por falar nesse disco da Marisa Monte, ele foi comprado num período de breve separação, justamente aquele em que você resolveu aparecer nas nossas vidas. Foi em junho de 2006. Eu estava bem triste por ter me separado do seu pai, e aquele disco me trouxe uma certa alegria. Mas essa separação, de quase dois meses, na prática não durou mais que 15 dias. Como da outra vez, houve um momento em que eu quase dei um basta, já que ele não admitia voltar, mas não saía de perto de mim. Passaram-se mais alguns dias, e estávamos juntos de novo. Até que isso acontecesse, eu dançava sozinha na sala cantando "Eu só não te convido pra dançar porque o assunto que eu quero contigo é em particular". Poucos dias depois, já estava dançando a mesma música em companhia do seu pai. Foi um disco importante para exercitar o "estar só". Hoje, ao ninar você ao som das mesmas canções, penso no quanto elas estão sempre pontuando uma falta. Primeiro, eu sentia a falta dele. Depois, ansiávamos pela sua vinda. Agora, sinto a falta dele de novo — e não há o que esperar. Fico a me perguntar onde está registrada essa lei que dizia que a nossa família nunca poderia se reunir de verdade. Tenho que confessar que nem sempre é sincero quando canto "e eu já não me sinto só com o universo ao meu redor". Espero que você me perdoe, filho, mas tem dias em que a gente não aceita bem as coisas.

....

1º de novembro de 2007

IMAGENS

Eu me lembro, filho. De uma sensação de que eu não ia dar conta. De que tudo ia perder a cor, o som, o sentido. Mas eu me lembro também de uma surpresa. A surpresa de ver o tempo passar e a vontade continuar em mim. E a vontade crescer. Também como uma resposta, também como um chamado. Eu me lembro da peixinha do *Procurando Nemo* cantando alegre: "Continue a nadar, continue a nadar!". Eu me lembro de perceber que nem pensei em desistir — e de me espantar com isso. Não pensei. Por você, sim, mas também por mim. E porque finalmente o medo tinha ido embora — também ele. Eu me lembro de uma vontade de achar motivo pra sorrir de novo. E me lembro disso como se tivesse sido há muito tempo. Porque hoje, mesmo convivendo com o silêncio insuportável que me grita todos os dias, mesmo assim: há o som da sua risada, que é música; há o seu sono, que é o melhor silêncio, o silêncio de existir. Eu me lembro todos os dias, mesmo carregando o meu cantinho escondido, que ainda assim sou mais feliz. É que quando eu olho pra você eu me lembro de mim.

DE: GUIFRAGA
DATA: 22 DE NOVEMBRO DE 2006 16H41MIN12S GMT-02:00
PARA: CRISTIANA GUERRA
ASSUNTO: HOJE

amor, tô com saudade de dormir agarradinho a você.

quer dormir comigo hoje?

um beijo, G

10 de novembro de 2007

ROTINA

Das imagens que guardo do meu pai, muitas o trazem com uma xícara de café na mão direita. Cafés marcavam a rotina do seu avô: café para acordar, café para trabalhar, café ao voltar. Para receber um amigo. Antes de ir dormir. No trabalho, eu sei, tinha mais café esperando. Mas era o da minha mãe que ele apreciava. As diferenças se dissolviam na xícara. Para conversar sobre algum problema, contar uma novidade ou mesmo para não falar nada, coisa comum entre homem e mulher que se acostumam. Não eram longas as conversas, mas seguidas as xícaras. Café era o segredo deles.

Seu pai também adorava café. Também cultivava rotinas. Nisso, tínhamos muito em comum. O que talvez se explique: se ele e seu avô tivessem tido tempo para se conhecer, teriam se entendido como poucos.

Seu pai adorava os dias azuis, principalmente os de outono. Eu adorava os sábados com ele. Ele acordava cedo. Fazia o café, saía pra comprar pães e jornal. Eu fazia preguiça. Quando ele ia remar, eu continuava dormindo. Ele voltava mais tarde para me buscar, às vezes trazia café na cama. Havia sempre: uma sessão de abraços ao acordar. Se ele não estivesse comigo para aproveitar um pouco do macio, eu acordava à sua procura. Como você faz comigo pela manhã.

Se estávamos juntos durante a semana, seu pai demorava mais pra levantar. Amava mesmo as inutilidades. E me puxava para a cama, atrasando minha chegada à agência. O bom humor morava conosco. Muito raro a gente acordar diferente.

As manhãs duravam muito. Tínhamos nossos lugares prediletos para o almoço. Gostávamos de chamar os garçons pelo nome. Era um prazer ser velhos conhecidos.

No Chef Tulio, ler o jornal ou um livro e tomar, de estômago vazio, a cerveja mais gelada da cidade. No Baltazar, comer a feijoada do sábado.

Foi lá que almoçamos no nosso último sábado juntos. Havíamos acabado de chegar das férias e os garçons fizeram festa, perguntando se estava tudo bem. "Como não poderia estar?", disse seu pai, apontando pra você na minha enorme barriga, com um sorrisão estampado no rosto. Eu me lembro de que nesse almoço foi diferente: fui eu quem serviu a comida. Ao pegar a colher de arroz, me desculpei: "Não sirvo o arroz com a sua classe, mas o faço com amor". Ele me dirigiu um olhar amoroso e agradecido. Pegou minha mão e disse o quanto era importante ter alguém que lhe dissesse coisas como aquelas. Era sincero. Ele tinha de fato um jeito amoroso de servir o arroz. Está certo, uma parte dessa beleza podia estar no meu olhar.

É que o nosso amor começou como amizade, que é a relação mais sincera que pode existir. Já tínhamos o melhor um do outro — só completamos com intimidade pra ficar mais bonito. Crescemos na partilha. Ele me pedia opinião sobre seus layouts, eu contava as vitórias e derrotas nas reuniões com os clientes. Ele me falava sobre os livros que pretendia ler, eu mostrava o que achava bonito nas vitrines. Ele contava as viagens que sonhava fazer, eu embarcava junto. Navegava na internet, a dividir comigo suas descobertas. Contava com meu apoio para largar o vício do cigarro e sempre me dava o seu para enfrentar minha dificuldade com o dinheiro. Um fazia a piada, o outro ria. No jantar para os amigos, ele fazia o prato principal. Eu fazia o arroz. Em dias frios, assistíamos a filmes novos e antigos, num velho sofá no apartamento dele, com direito a cobertor e sopinha de macarrão. Nos dias quentes, a boa e velha pipoca. Dividíamos as angústias com o mundo ou com as contas a pagar. Dividíamos nossas esperanças — e, assim, elas se multiplicavam. Passeávamos com as cadelas pelo bairro, de olho nas casinhas mais bonitas para reformar e morar. Planejávamos uma viagem de navio depois que você nascesse. Assistíamos à novela das oito. Se um perdesse um capítulo, o outro contava no dia seguinte, com o orgulho de quem fala sobre política. Nas viagens de carro, seguíamos cantando ou fazendo graça em cada trecho da estrada. Sonhávamos singelezas, como dois meninos com um olhar ingênuo para a vida. Era assim nossa rotina.

Presente fora de hora, e-mail sem motivo, jantar a dois, dançar no meio da sala. Ler em voz alta. Alguém para cobrir minha orelha na hora de dormir. Coisas simples faziam do nosso dia a dia um luxo. Eu respirava aliviada, agradecendo a sorte de ter encontrado o amor. Essas coisas simples, seu pai vivia como num filme, cuidando de cada detalhe. Tinha a voz dele, que era bonita, tinha a nossa trilha sonora, que era bem escolhida. Tinha o charme dele, que era de homem. Juro: algumas cenas pareciam mesmo acontecer em slow motion.

A PRIMEIRA JURA

DE: CRISTIANA GUERRA
DATA: 16 DE AGOSTO DE 2004 11H10MIN35S GMT-03:00
PARA: GUIFRAGA
ASSUNTO: RE: ONTEM

Melhor do que fazer aniversário é ouvir palavras assim. Gui, eu amo ter você como amigo, bem perto de mim. Também quero viver muitos anos perto de você.

Mais um beijo bom,

Cris.

ON 16.08.04 9:34, GUIFRAGA, AT GUIFRAGA@LAPISRARO.COM.BR WROTE:

Ontem foi seu aniversário.

Não te liguei, mas pensei muito em vc, na sua doçura, no seu carinho e delicadeza. Quero viver muitos anos perto de você.

Muitos beijos bons, G

10 de novembro de 2007

DOS QUE VIRARAM AMORES

Amigos cozinhando pra mim. Amigos ligando para o médico. Amigos dormindo comigo. Organizando o seu chá de fraldas, montando o seu carrinho, o seu quarto. Amigos se oferecendo para estar comigo na hora do parto. Meus irmãos, minhas tias correndo para me acudir, primos ligando de longe, e-mails, abraços, mãos, vozes. Não, eu não posso desistir, tenho tanta gente querendo me ver bem. Tantos, tão perto, tão preciosos. Cultive os amigos, filho. Eles são o grande presente da vida.

....

13 de novembro de 2007

PASSOS

Na primeira vez em que ele tirou os sapatos, senti que tinha vergonha dos pés. Dias depois ele me contou que nascera com os pezinhos tortos, virados para trás. A mãe dele tinha sonhado, na véspera do parto, que o bebê nascia sem os pés. É fato que eles moravam no Piauí, e os pezinhos tortos acabaram por determinar uma parte do destino da família. Com os olhos cheios d'água, a voz trêmula e também com uma pitada de humor, ele me contava da luta dos pais para enfrentar o problema, da massagem com óleo quente que doía mais no pai do que no filho, da ida para São Paulo para a primeira cirurgia, aos quatro meses, da infância de gesso, dos primeiros passos a despeito disso, dos Natais no hospital, longe da família, de uma luta incessante até a última cirurgia, aos quatro anos. Hoje, é o pai dele, seu avô, quem me conta que durante todo esse tempo o sorriso não lhe saía do rosto — e vejo então o que é um pai apaixonado. Por um menino que nasceu e morreu de bem com a vida. Fico a pensar aonde aqueles pezinhos o levaram: o quanto a sua alma talvez seja ainda mais linda por isso. Eu amo a história do seu pai, filho. Tenho orgulho dela. E de vez em quando beijava aqueles pés, que eram só o início de um universo de intensidade, hedonismo, amor. Eram os pés feios mais lindos do mundo. É uma pena ele não ter visto você nascer com esses seus pezinhos perfeitos. Que são de fato os mais lindos do mundo. Agora, é com os meus pés que podemos contar. Confesso que às vezes eles vacilam. Mas a gente vai dar um jeito de chegar lá.

....

20 de novembro de 2007

MAMÃE CHOROU

Ontem tomei vinho com grandes amigas e chorei que nem você, filho. Mas não era fome, nem sono, nem birra, nem manha. A morte deixa uma dor que não tem cura.

DE: GUIFRAGA
DATA: 5 DE DEZEMBRO DE 2006 9H38MIN25S GMT-02:00
PARA: CRISTIANA GUERRA
ASSUNTO: OI, AMOR

ei, minha linda, bom dia.

tô com saudade de apertar você, vamos almoçar hoje?

bj, Gui

22 de novembro de 2007

NOTAS

Quando eu era menina, sonhava ser modelo. Depois entendi que talvez quisesse mesmo ser atriz. Acabei não sendo nenhuma dessas coisas, mas na minha profissão às vezes tenho chance de exercer essas facetas. Com o tempo entendi que não tinha que esperar o mundo me aprovar: simplesmente ia lá e fazia. Foi assim que resolvi fazer aula de canto. Não tenho voz de cantora, mas tenho bons ouvidos. Acho que você também tem, filho. Todo dia você me dá provas de ter herdado isso. De mim e do seu pai. Ele, sim, tinha uma voz linda. Além de afinação e um gosto apurado para música. Se a nossa história virasse um filme, a trilha sonora já estaria escolhida. As músicas que enviávamos um para o outro fazem um conjunto delicado que poderia ser chamado de "Nossas cartas". O fato é que um dia, muito antes de conhecer seu pai, eu fiz aula de canto. E cantava direitinho, cheguei até a participar do coral e de alguns shows na escola. É claro que eu ficava humilhada diante de vozes aveludadas e potentes que faziam aulas comigo. Sei que os professores nunca me olhavam como alguém que queria seguir carreira. Desconheciam esse meu jeito atirado de acreditar nas coisas. E o que seria dos meus queridos João Gilberto, Tom Jobim, Chico Buarque e outras finíssimas vozes masculinas e femininas se não fosse a coragem para cantar? Mas, como os outros, esse meu sonho não foi longe. Junto com eles acabei guardando também o de ser mãe. Aos 35, cheguei a acreditar que não era para mim. Só se viesse feito mágica, de surpresa. E foi o que aconteceu. Você veio e fez a minha alegria. Mas não só. Fez dos últimos sete meses de vida do seu pai aqueles em que ele voltou a fazer planos. Sua ida repentina foi apenas outra grande surpresa da vida. Os meses em que estivemos juntos, nós três, foram plenos. Como é pleno ser sua mãe. E hoje eu o descubro meu fã. Percebo que minha voz parece encantar seus ouvidos. Eu canto e você canta comigo. Eu nunca ousaria sonhar isso, filho. Justo esse, que era o sonho mais bonito.

DE: GUIFRAGA
DATA: 11 DE AGOSTO DE 2006 10H41MIN17S GMT-03:00
PARA: CRISTIANA GUERRA
ASSUNTO: VOCÊ

você é linda demais, o meu amor. é lindo e gostoso ter você comigo.

acho que está mal escrito, mas é pra dizer que eu amo você, pequena.

um beijo bom em você, Gui

27 de novembro de 2007

TAPA

Não tenho mais parado pra pensar na saudade. Ela é que de vez em quando salta na minha frente. Uma foto que eu não tinha visto antes vem me contar uma novidade sobre o que já vivi. O braço do seu pai encostado ao meu, veias pulsando vida, um corpo quente e perto que me conta sobre o amor. Lembro então o que era ser completa. Reconheço uma cumplicidade que eu já não lembrava existir. Da alegria daquele dia, com a perspectiva tão fresca da sua vinda, da euforia de todos à nossa volta, faço um álbum bem bonito. E guardo num canto escondido, mas tão escondido, que corro o risco de procurar e não achar. Quando acho, dói. Mas dói bonito. Junto com a dor vem uma sensação de alívio por ter vivido.

FROM: GUIFRAGA
DATE: WED, 6 SEP 2006 10:24:47-0300
TO: CRISTIANA GUERRA
SUBJECT: AMORZINHO

amorzinho, tenha um dia delicioso.

amo você, pequena.

29 de novembro de 2007

FRANCISCO

Quando o seu nome me veio à cabeça, foi muito antes de você existir. Antes até de amar seu pai. Há muito mais tempo eu sei de você, Francisco. E amo desde o seu não projeto de vir. Você, seu humor, sua alegria. Eu já sabia, mas não sabia que sabia. E foi assim, sem saber, que procurei e fui achada. Foi você, dentro de mim, que fez nascer o seu pai na minha vida. Para poder vir através dele. Obrigada por parir seu pai, filho. E, assim, me dar a mim mesma de presente.

....

7 de dezembro de 2007

VOCABULÁRIO

Afinidade, filho, é quando a gente tem muitas coisas parecidas com alguém. Pode ser uma coisa que a gente gosta de fazer, algo na vida que emociona a gente, pode ser uma vontade, um sonho — ou muitos deles. Afinidade também é o que faz duas pessoas quererem dormir de conchinha, por exemplo. Ou o que deixa a sensação de estar levando a outra pessoa com a gente, aconteça o que acontecer. Como se ela fosse uma parte de você e você, uma parte dela. A capacidade de fazer o outro rir é outra deliciosa afinidade. Rir é o que faz a gente voltar a ser criança. Quando alguém sabe rir e fazer rir, a gente diz que essa pessoa tem humor. E quando uma pessoa tem humor ela sabe rir principalmente de si mesma — até nas situações mais difíceis. Difícil é aquilo que dá trabalho. Ficar sem o seu pai, por exemplo, é muito difícil. Mas, se a gente se esforçar, consegue. Até porque não existe outra solução. Solução é o que resolve um problema. Um dia você vai ter o seu primeiro problema de verdade, vai encontrar a solução e vai aprender com isso. Ou vai descobrir que ele não tem solução — e vai aprender a se conformar. Problemas são importantes pra fazer a gente crescer. Para crescer, eu queria que você aprendesse afinidade, humor, problema, solução. E queria que aprendesse vendo o Papai e a Mamãe juntos. Mas nem por isso vou ensinar pra você a palavra frustração. Na hora certa, você vai descobrir. E vai saber o que fazer com ela. Papai e Mamãe não vão poder estar juntos porque no meio do caminho tinha uma palavra que a gente também tem que aprender: surpresa. Que é o que acontece pra nos mostrar que a vida não pode ser controlada. Surpresas podem ser boas, como a sua vinda, ou ruins, como a ida do seu pai. Por causa desta última, eu e você vamos ter que aprender afinidade de um outro jeito. Vamos aprender juntos. Não sou só eu que vou ensinar significados pra você. Você também ainda vai me ensinar novos sentidos para muitas palavras, como já está fazendo com a palavra amor. E tudo isso só aconteceu porque eu e seu pai tínhamos uma afinidade muito grande.

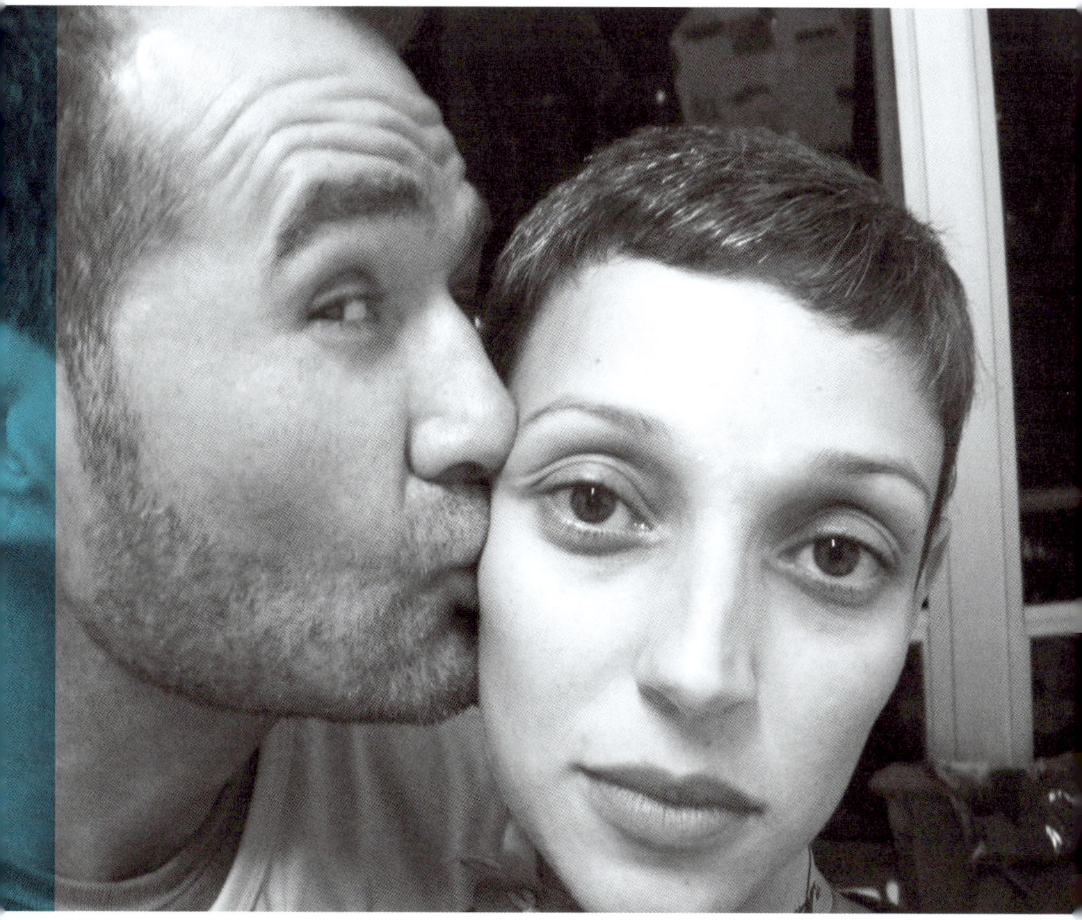

SEU PAI, EM POUCAS PALAVRAS

FROM: GUIFRAGA
DATE: TUE, 14 FEB 2006 10:20:05-0200
TO: CRISTIANA GUERRA
SUBJECT: DIA LINDO

amor, o dia tá lindo lá fora.

quando der, dê uma olhadinha pela janela, eu vou estar olhando também, aí nos encontramos na beleza de tudo que a gente vê.

um beijo bom, amor. G

10 de dezembro de 2007

VIVO

Sua avó escreveu uma cartinha pra mim e me entregou nesse fim de semana. Havia tanto amor nessa cartinha, filho. E, apesar de ter feito latejar a minha dor pela falta do seu pai, me trouxe uma alegria de perceber que até a falta traz presenças. Ela falou da dor pela falta do filho, mas terminou a carta declarando o seu amor por nós dois — você e eu. Amor plenamente correspondido. Olhando para essa amiga-mãe que conheço e de quem gosto mais a cada dia, vejo o seu pai declarando seu amor por nós. Um amor que não morreu com ele, porque é mais forte que a vida.

....

12 de dezembro de 2007

PODE ACREDITAR

Com a ida do seu pai, fui obrigada a sonhar de novo todas as cenas que eu tinha imaginado pra nós três. A história continuava, mas agora tinha um personagem a menos — o que é bem difícil quando se trata de um dos principais. Com o coração doendo, mas também com algum humor, refiz o enredo e me preparei para momentos diferentes, mesmo que não menos importantes ou felizes. Embora eu saiba que, mesmo assim, a vida não vai perder a capacidade de me surpreender — para melhor, eu espero. Uma coisa que me preocupou de imediato foi como ensinar pra você o que é um pai. Por isso enchi seu quarto de fotos minhas com seu pai, fotos nossas de quando éramos pequenos, eu grávida, tentando fazer ali um cantinho que conta a história da sua vinda. E você chegou até aqui vendo essas fotos a toda hora, especificamente nas trocas de fraldas ou voltas do banho. Há muito você nota as fotos e olha para cada uma delas com interesse, por mais incrível que isso possa parecer para um bebê de oito meses e meio. Assim como aprendeu a bater palmas sem ninguém ensinar e já esboça um tchauzinho, você percebe que ali tem alguma coisa importante. No caso, uma pessoa importante, além de mim. E já relaciona essa importância com a palavra "Papai". Não sei como vai ser quando você aprender a falar e esboçar um "Papai" ao ver a foto. Se vou rir ou chorar compulsivamente. O que me preocupa mesmo é que você possa compreender quem ele é. Porque com o tempo existem até as minhas cartas para explicar, mas ainda vai demorar pra você aprender a ler e entender esses textos de adulto. E, como o Natal está chegando, esses dias eu percebi que, enquanto as outras crianças acreditam em Papai Noel, talvez para você o mais importante seja ensinar a acreditar em pai. Acredite, filho. Ele era bem melhor que o Papai Noel. E nunca, nunca vai ter barba branca.

....

15 de dezembro de 2007

DE TIRAR O FÔLEGO

É o presente que ganhei da tia Cecil. Um e-mail que seu pai mandou pra ela um mês depois de saber que estávamos grávidos.

From: guifraga
Date: Mon, 14 Aug 2006 10:25:15-0300
To: Cecilia Torquato
Subject: ei Ceci

> Ei, Ceci, quanto tempo, bonita.
> Tenho pensado muito em vocês. A saudade é gorda e paradoxalmente inversa aos e-mails e contatos que não fiz. Fiz foi andar um pouco em círculos, descobrir atalhos, perder o rumo e achá-lo mais à frente, passar o dia, subir em árvore sem frutas, olhar pra esse céu maravilhoso e sentir a alegria dentro da barriga. Palavra puxa palavra, o verbo se fez carne de verdade. Ai, que delícia, linda. Nada, nada mesmo, poderia ser mais delicioso e espantosamente lindo quanto a surpresa que me aguardava, insuspeita e quieta.
> Ando meio estupefato. Não me perturba o que não sei nem o que nem imagino. Sou inteiro no mundo por ele(a), e isso me aquece os desejos, me aguça a inteligência, me faz alerta e sorrio.
> um beijo muito gostoso, prenhe de saudades,
> Gui
> dê beijos, muitos beijos no Matteo e alguns no Gutinho (rs)

19 de dezembro de 2007

AFOGANDO

Há dois meses entramos na natação, eu e você, juntos. Eu queria aproveitar esse seu prazer de estar na água. O nome da modalidade é "Mãe na água", e eu fiquei animada para ter um momento só nosso. Achei que ia ser gostoso pra você e muito, muito fácil pra mim. Mas eu não tinha parado pra pensar num detalhe. Como hoje os pais participam muito mais da vida de seus bebês, alguns coleguinhas vêm acompanhados de seus respectivos pais, e não de suas mães. Sem contar o caso de duas gêmeas que vêm com os dois — a mãe cuida de uma, o pai cuida da outra. Então a maior dificuldade é da mamãe aqui. Ao conviver com todas aquelas famílias completinhas, bonitinhas, eu é que acabo ficando sem ar. A última aula, por exemplo, foi a despedida do ano. Todas as turmas juntas, numa piscina só. Acho que a professora temeu por mim e sugeriu: "Traz um tio, um parente, a festa é da família". Convidei sua tia Tissa, que veio com aquele sorriso doce de sempre. Mal entramos na piscina, fizemos a rodinha do cumprimento entre as crianças e lá estava eu, chorando feito uma delas. Ainda bem que no meio da água pude disfarçar. Os pais hoje são muito participativos, filho. Devia ser mais fácil ser mãe viúva no tempo da minha avó.

....

21 de dezembro de 2007

PRETO-E-BRANCO

Foi ideia do seu pai. Sempre gostei de fotos antigas e do que elas poderiam me dizer sobre a minha história. Em princípio, adesivar uma parede inteira com uma foto bem grande dos meus pais me pareceu uma ideia absurda. Mas eu confiava no bom gosto dele. No dia em que o adesivo ficou pronto, fomos assistir à instalação. Antes que ele estivesse todo colado, eu e a tia Telida já estávamos aos prantos. Seu pai levantou um brinde aos meus pais, como se os conhecesse há muito tempo.

É divertido olhar para eles e ficar imaginando o que diziam um para o outro. Eu sabia bastante sobre aquela história. Sabia que eles tinham se conhecido numa festa junina quando ela tinha 17 e ele, 19. Que ele jogava basquete e ela jogava vôlei. Que ele foi o segundo namorado dela e que se casaram em seis anos. Que, quando ela foi conhecer os pais dele, queimou a boca com café quente, mas disfarçou. Sabia muitos outros pequenos episódios, por relatos dos próprios. Ela contava um caso, ele corrigia. Tinham versões diferentes para uma mesma história. Um detalhe que, no colorido da vida real, contava mais que todos os outros.

Prefiro as fotos em preto-e-branco. Olhar somente para o que foi bom. Da minha vida com seu pai, o álbum que ficou tem essa poesia.

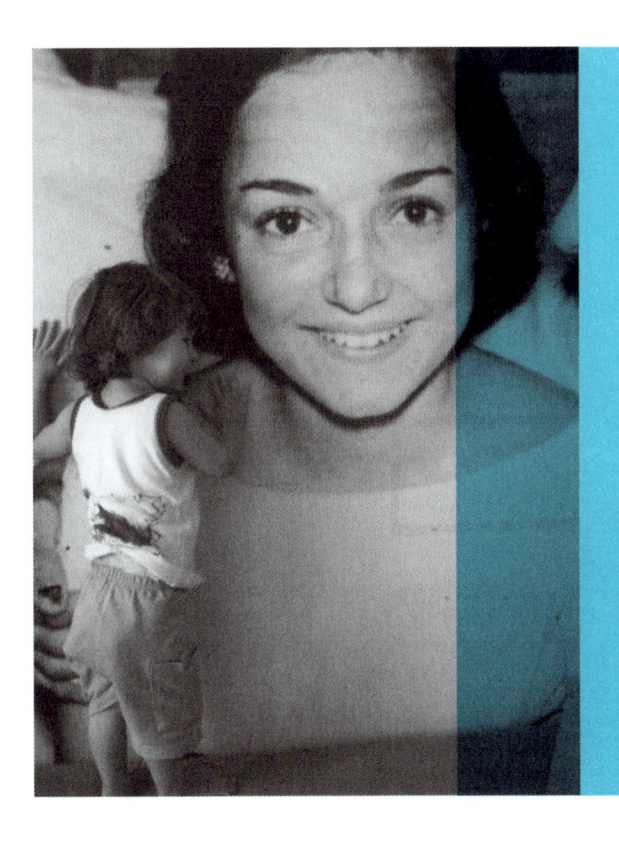

DE: GUIFRAGA
DATA: 15 DE FEVEREIRO DE 2006 17H27MIN42S GMT-02:00
PARA: CRISTIANA GUERRA
ASSUNTO: BEIJO

ei amor, é só pra te dar um beijo e uma fungadinha no seu pescocinho mais gostoso do mundo.

beijo, amor.

24 de dezembro de 2007

SEU PRIMEIRO NATAL FOI COM ELE

Em um dia de dezembro do ano passado, não sei por quê, sugeri a seu pai que fizéssemos um jantar aqui em casa, para alguns amigos queridos. E ao jantar dei o nome de "Primeiro Natal do Francisco". Ele adorou a ideia. Tinha prazer em cozinhar para os amigos. E um motivo e tanto para comemorar: éramos uma família. Por uma deliciosa coincidência, nossos amigos Cecília e Gustavo, que moram na Suécia, estariam presentes naquele fim de semana, e finalmente poderíamos conhecer Matteo, nascido por lá. E este foi o seu primeiro Natal com seu pai, filho. Ainda bem que fizemos dois no mesmo ano. Você, tão pequeno dentro de mim, fez nascer um sorriso novo naquele rosto e, com ele, um entusiasmo para ser ainda mais intenso e carinhoso. Juntos, sonhávamos com o Natal de 2007, imaginando o quanto você estaria fofo aos nove meses e em como esse próximo Natal seria feliz. Ele resolveu transformar essa alegria em presentes para cada um da família. A começar por seus primos, filhos dos meus irmãos, que ele estava orgulhoso em chamar de "meus sobrinhos". Hoje faz exatamente um ano que passamos o início da noite com minha família e a outra parte com a família do seu pai, com quem vamos passar hoje de novo, tentando driblar essa falta. É a nossa família, filho. Vai ser difícil não me lembrar do seu pai entregando um presente nosso para cada um dos irmãos, depois, para seu avô e sua avó. Como também não dá pra esquecer a vovó me presenteando e dizendo o quanto tinha sonhado com alguém que amasse o seu pai naquela medida. Fica a imagem do pote de geleia de morango que ele preparou para cada um dos meus primos e tios, inclusive para os que nem conhecia, embalando e personalizando um a um. Alguns ganharam o presente e nem chegaram a conhecer seu pai. Mas sentiram o sabor da sua presença. Aqui, ali, em qualquer lugar: se não há mais o seu pai, ficou o seu aroma. E esse não vai sair de perto de nós.

....

28 de dezembro de 2007

A PASSAGEM

Ao chegar à pousada em Ilha Grande, sabíamos que iríamos encontrar apenas o nosso quartinho desocupado. Viajamos preparados para encontrar uma grande turma por lá. Pessoas que a gente nunca tinha visto na vida.

Pousada simples, banheiros coletivos, quartos próximos uns dos outros, comida caseira e uma praia calma. Já conhecíamos o lugar. Perfeito para a gente ficar quieto e esperar o ano chegar. E eu estava ansiosa pela vinda de 2007. Finalmente você iria nascer, e acho que esperei bem mais que nove meses por isso.

Embora o pessoal fosse de São Paulo e nós, de Belo Horizonte, a amizade aconteceu rápido. Mesmo porque seu pai era praticamente paulistano: nasceu no interior do Piauí porque a família morava lá na época, mas foi ainda pequeno para São Paulo e só se mudou pra cá depois de adulto. Em poucas horas estávamos sentados contando piadas. E a sua mãe, filho, conta piada feito um homem. Chega a juntar gente em volta.

Nosso quartinho era bem pequeno. Mas de frente para o mar. E foi lá, diante da água verde e transparente, que você começou a se mexer de um jeito engraçado na minha barriga. A essa altura, eu já podia sentir suas mãozinhas ou pezinhos apontando, indo de um lado para o outro, o que causava uma certa aflição no seu pai. A mim só causava alegria a sensação de você se espreguiçando ou lutando por mais espaço dentro de mim. A cada dia você era mais de verdade.

Um dia de chuva, dois, três. Chegamos a pensar em voltar antes do tempo. Mas fomos ficando — assim como a chuva. Eu me lembro de um diazinho de praia, em que fomos convidados para um passeio de barco. Na hora H, seu pai resolveu desistir. Achou que seria cansativo pra mim. E, embora eu insistisse, não quis ir sozinho.

Minhas costas doíam, já não era fácil dormir. E a cama, agora posso dizer, estava bem apertadinha. Se para dois ela já era pequena, imagine pra nós três. Durante o dia, sem medo do ridículo, seu pai levava cadeira e travesseiro para onde quer que eu me alojasse na praia. Era ele cuidando da família.

Tão logo o tédio tomou conta, começamos a fotografar objetos do quarto, pés, pernas, mãos. Decidimos reler em voz alta as reportagens da única revista que tínhamos levado conosco. Era preciso inventar o que fazer. Mas não perdíamos o bom humor. Depois veio o tédio de só comer peixe. E ele passou a sonhar com "carninha", lembrando os tempos de criança internado no hospital para curar o pezinho.

Mas havia tantos novos amigos. Então viajamos para dentro deles — e isso valeu mais que os mergulhos no mar.

Eles tinham ido dispostos a organizar um réveillon na beira da praia. Acabamos participando. Seu pai fez barquinho de bambu, eu ajudei a colocar velas em latinhas de cerveja. Foi uma noite especial de passagem de ano, e isso veio de brinde no pacote. Era uma festa entre amigos e tínhamos a sorte de ter ganhado um lugar entre eles.

Seu pai dançava em paz e feliz. À meia-noite nos beijamos, emocionados pelo que estava por vir. Não tinha como não pensar que aquele seria o ano perfeito.

Lembro esses dias com alegria. Mas de vez em quando tenho uma sensação estranha ao olhar para o ano que praticamente passou. Por alguns momentos, sinto como se eu tivesse parado no tempo. Parece que ainda estou diante de 2007, mas ele já foi. Em outros, sinto que o tempo correu rápido demais e acabou por me distanciar de lembranças importantes. Escrever é exercício necessário para colocar os pés no chão.

Dois meses depois você estava nascendo.

Hoje estou diante do seu sorriso, de seus gritinhos, de seu bom humor. Seus olhos que comentam cada situação de um jeito bem seu. Cada dia é mais forte a sua presença, como a cada dia é mais definitiva a ausência do seu pai. Tanto, que às vezes levo um susto ao deparar com a lembrança dele, como se sua existência tivesse se transformado suavemente num sonho. Então olho pra você e confirmo: sim, é verdade. É verdade você e o que vivi com seu pai. É verdade essa história que não acaba. É verdade esse amor que só cresce.

DE: GUIFRAGA
DATA: 30 DE NOVEMBRO DE 2006 15H42MIN17S GMT-02:00
PARA: CRISTIANA GUERRA
ASSUNTO: A FOTO QUE VC TIROU

amor, a foto que vc tirou de mim ficou linda.

vc é um amor.

31 de dezembro de 2007

O ANO DA MINHA VIDA

Em 2007, perdi o amor da minha vida. Ganhei o outro amor da minha vida. Você, Francisco, fez do fim um começo. Foi como o réveillon de um amor para outro.

Em 2007, aprendi o que é amor. Não só porque começou a crescer o meu amor por você. Mas porque entendi que meu amor pelo seu pai também cresce à medida que eu o conheço pelos olhos dos outros. E à medida que conheço você, filho. Assim a nossa história continua.

Em 2007, aprendi o amor por mim mesma. Descobri que posso viver sem o seu pai. Posso e devo ser feliz sem ele. E isso é o mais bonito. Entender que seu pai ficou em mim, mas não levou um pedaço meu. Um amor que nada rouba, só acrescenta.

Em 2007, não me fechei para novos amores. Pelo contrário: passei a acreditar mais no amor. Entendi o quanto os meus amigos são preciosos. São todos meus amores.

Do amor pari você. Da dor pari essas cartas. Em 2007, descobri que sei escrever.

Um ano atrás eu comemorava com seu pai a chegada de um ano bom, filho. E tinha a certeza de estar entrando num dos melhores anos da minha vida. Ainda tenho essa certeza. Foi um ano surpreendente. Com todos os perigos e as delícias que essa palavra traz. Mas foi um ano grande demais.

Então o que desejo para 2008 é que ele seja menos ambicioso. Que não tenha grandes acontecimentos, mas que seja sempre alegre, sereno, leve. Que seja de paz. E, acima de tudo, que eu tenha o seu sorriso iluminando o meu dia.

7 de janeiro de 2008

PALAVRAS REVELADORAS

"Uma fofura. Um amigo. Uma flor. Uma pedra preciosa. Um abraço. Um doce. Uma perfeição. Uma bondade. Um charme. Um homem. Umas palavras. Uns gestos. Uma voz. Um olhar. Uma gentileza. Uma delicadeza. Um sem igual. Se uns 10% da população fossem iguais a ele, talvez o mundo tivesse solução."

Foi o que escrevi como depoimento na conta recém-inaugurada de Orkut do seu pai, tão logo eu aderi à modinha. A gente não tinha absolutamente nada um com o outro, a não ser uma grande amizade. Alguns meses depois eu estava sentindo o mais arrebatador sentimento que eu já tinha experimentado. Preciso prestar mais atenção no que escrevo, filho. Minhas palavras me dizem coisas surpreendentes.

DE: GUIFRAGA
DATA: 14 DE DEZEMBRO DE 2006 11H25MIN24S GMT-02:00
PARA: CRISTIANA GUERRA
ASSUNTO: HOJE

amorzinho, eu tô com saudades gordas de você.

eu tô gordão, mas é de saudades.

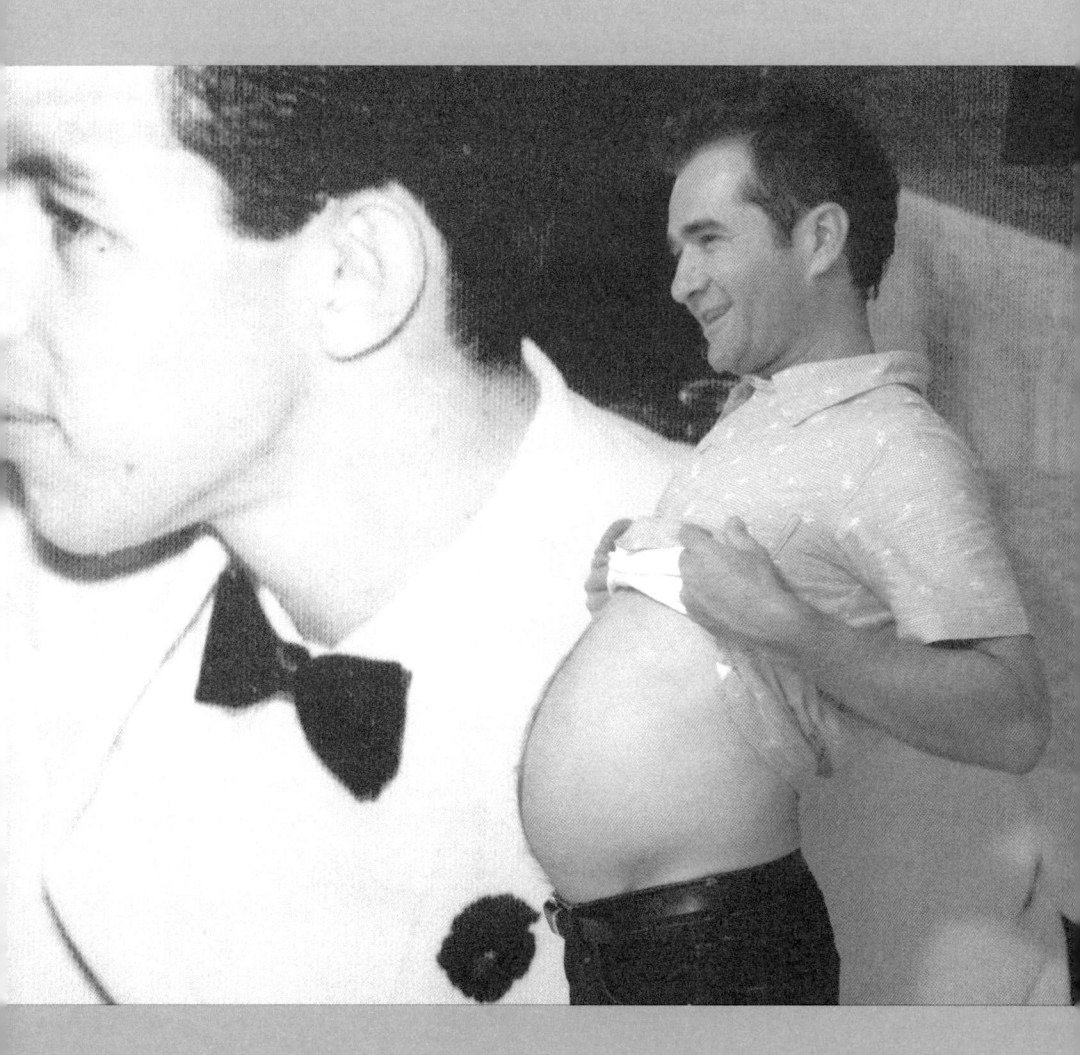

11 de janeiro de 2008

CORAÇÕES

Tem dias em que é especialmente difícil olhar pra você e não desabar pela ausência do seu pai. Dias como hoje pela manhã, em que você comia seu pedacinho de pão sem tirar os olhos de mim — aqueles olhos que, apesar de terem muito dos meus, olham fundo como os do seu pai. De dois em dois minutos você dava aquele sorriso largo que, você já sabe, derrete qualquer um. Fico a imaginar o quanto ele perdeu, filho. Penso na expressão deliciosa que ele teria com você no colo. Não fico pensando nisso. Mas de vez em quando lembro, e dói. Dói a falta que ele me faz, sim. Mas hoje doeu especialmente a falta que ele faz a você, a falta que você fez a ele. E, como que para retribuir aquele tempo em que seu coração bateu por nós dois dentro de mim, sofro no seu lugar. E no lugar dele. Por essas faltas que não são minhas, mas que já fazem parte de mim. Mas eu reconheço que sou privilegiada. Vocês se perderam um do outro. Eu tive a sorte de ter os dois.

11 de janeiro de 2008

HOJE CEDINHO

**DE: GUIFRAGA
DATA: 12 DE JUNHO DE 2006 9H46MIN4S GMT-03:00
PARA: CRISTIANA GUERRA
ASSUNTO: HOJE CEDINHO**

    acordei pensando tanto em você.

    um beijo bom, Gui

Estávamos separados, fazia pouco mais de vinte dias. E eu me lembro como se fosse agora: do friozinho na barriga ao abrir minha caixa de e-mails e encontrar este aí em cima. Hoje, senti uma coisa muito parecida ao passar em frente ao apartamento onde seu pai morava. Coração, quando ama, pensa até nas impossibilidades.

DE: GUIFRAGA
DATA: 15 DE FEVEREIRO DE 2006 12H4MIN53S GMT-02:00
PARA: CRISTIANA GUERRA
ASSUNTO: EU

oi amor, é só pra te mandar uma foto minha. A Telida que

tirou. (foto verdade, não contém retoques)

com amor, G

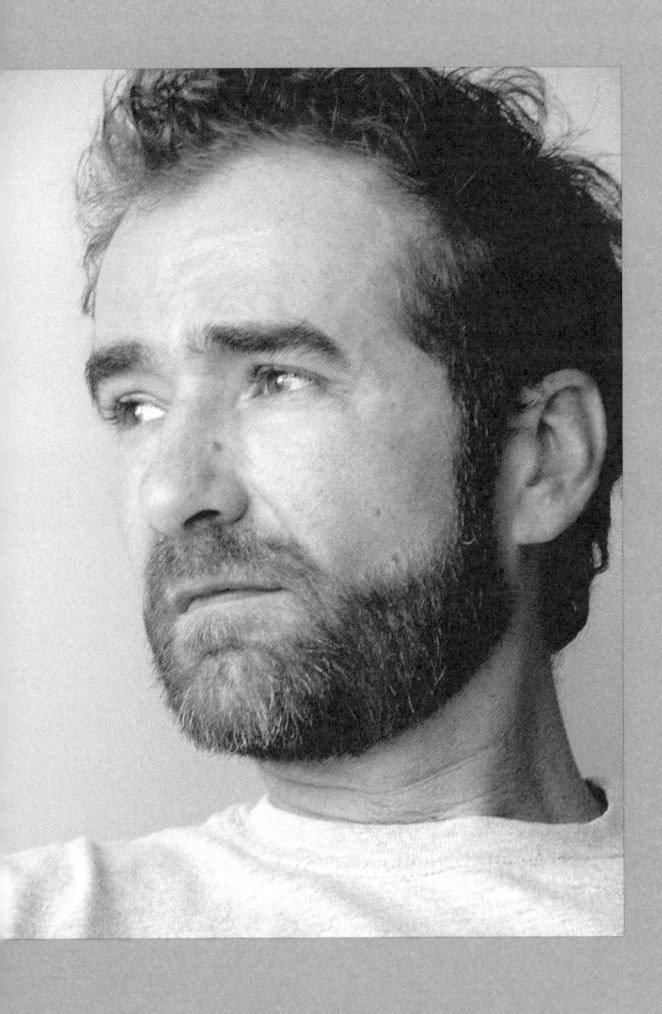

15 de janeiro de 2008

DE PERDAS SOMOS FEITOS

Minha mãe não conheceu o pai, mas teve mãe até o fim da vida. Meu pai também teve essa sorte. Em compensação, experimentou a perda do pai. Eu tinha sete anos quando meu avô morreu, mas nos conhecíamos tão pouco que para mim não chegou a ser uma perda. O outro avô não cheguei a perder — ele morreu antes que minha mãe nascesse.

Minha avó paterna perdeu uma irmã para ganhar um marido: justamente o viúvo da irmã, com quem se casou um pouco relutante. Por outro lado, teve a sorte de ver sua mãe completar 103 anos. A morte dessa bisavó foi minha primeira grande perda, responsável por marcar minha estreia nos enterros. Eu tinha onze anos e tocava incessantemente o rosto dela no caixão, tentando entender a morte de perto.

Até meus 34, tive o privilégio de ter as duas avós. Mas tudo na vida tem um preço: uma perdeu a filha e outra, o filho, contrariando a ordem natural das coisas. Do meu ponto de vista, a perda da minha mãe e do meu pai para a mesma doença, com um intervalo de cabalísticos sete anos entre um e outro, não me soa nada natural. Perder os pais é coisa normal e corriqueira, desde que não seja com a gente.

Meu primeiro marido perdeu o pai e, além dele, dezenas de cães que eram como parentes. Há pouco tempo, nos perdemos um do outro. Mas ganhamos outras coisas. Minha ex-sogra, por sua vez, perdeu o marido e o irmão no mesmo dia.

Meus pequenos primos Bruno e Laura perderam pai e mãe de uma só vez, sem ter idade para entender o que isso significa. E foi assim, perdendo um irmão, que minha prima Maria Regina ganhou dois filhos.

Minha amiga Cecília é meio sueca, meio brasileira. Quando está na Suécia, perde o que há de melhor no Brasil. Quando está no Brasil, perde as coisas boas do primeiro mundo. Resultado: está sempre de malas prontas. Mas, depois de ganhar o filho Matteo, nada disso tem importância: desde que ele vá, todo lugar é seu.

Minha amiga Adriana perdeu seu avô quando ele tinha 108 anos.

Para alguns, ele já estava no lucro. Para ela, a dor foi proporcional aos anos vividos. Há pouco veio um golpe mais forte: perdeu um irmão de 32 anos. Passou semanas com o lenço na mão.

Minha amiga Kica ganhou dois filhos, depois perdeu o projeto de um terceiro e, mais tarde, surpresa: ganhou duas filhas de uma vez. Pulou de dois para quatro.

Minha amiga Juliana perdeu o avô e, depois, a avó, ganhou uma filha e muitos hectares de terra. Não que eles substituam a geleia de goiaba e o biscoito de polvilho que a avó fazia. Mas a beleza da vista da fazenda não tem preço.

Também aprendi a perder. Mãe e pai, pra começar. O dinheiro todo que gastei ao longo da vida, não considero perda. Perdi foi muita paciência. Tempo em discussões inúteis. Viagens. Algumas oportunidades. E um anel que desapareceu em casa, tempos atrás, de forma sobrenatural. Há seis anos perdi o nome de solteira e ganhei um mais bonito. Mas, para voltar a me encontrar, abri mão dele com prazer. Perdi dois filhos, antes mesmo de existirem. Depois ganhei prêmios pelos quais ansiava havia muito tempo. Ganhei prestígio também. Há quatro anos perdi minha avó-amiga e, com ela, o domingo e o colo.

Nos últimos quatro anos me separei, perdi dinheiro, casa montada, planos e muito mais. Encontrei seu pai pelo caminho e com ele vivi um amor intenso e urgente. Ganhamos você. E, enquanto você vinha, ganhei mais amor, carinho, cuidado, tudo o que alguém sempre sonhou ganhar na vida amando outro alguém. Mas, antes que você chegasse, surpresa: seu pai se foi suave e livremente, bem ao seu estilo, deixando um pouco dele em mim, levando um pouco de mim com ele. Perdi o amor, ganhei o filho — ficou o amor transformado em gente.

Não pensei que fosse possível ficar ainda mais órfã. Mas, quando a gente perde alguém, não falta um pedaço. Esse alguém passa a fazer parte da gente.

Pensando bem, filho, hoje sou muitas pessoas.

15 de janeiro de 2008

DESEJOS

Pequenos rituais são importantes nos momentos de passagem. Naquele 31 de dezembro, na praia, todos escreveram suas listas de pedidos. Eu me lembro de ver seu pai já com o papelzinho dobrado, como se há muito soubesse o que queria — e como se o soubesse com exatidão. Depois de meses pensei nessa cena com algum ressentimento e sempre com muita curiosidade: o que será que ele pediu? Quanto a mim, passei um tempo insegura até dobrar o tal papel. Tive medo de esquecer alguém ou alguma coisa importante. Eu me lembro de ter pedido por minha família e meus amigos. Pedi saúde pra você. E pedi por nós, por esse amor que eu sentia tão raro e tão bonito: que ele fosse pra sempre, que nunca deixássemos de ser uma família. Devo ser justa. Meus pedidos foram atendidos.

DE: GUIFRAGA
DATA: 12 DE JANEIRO DE 2007 15H32MIN50S GMT-02:00
PARA: CRISTIANA GUERRA
ASSUNTO: RE: VAMOS TORCER.

que goshtoso, amorzinho, que goshtoso...

amo você

ON 12/01/2007, AT 15:15, CRISTIANA GUERRA WROTE:

Amor,

Anota na sua agenda: dia 25 de janeiro, quinta-feira, às 13h30, no dopsom. Dia de ver o rostinho do Cisco no ultra-som 3d.

Beijos.

16 de janeiro de 2008

O ÚLTIMO 16 DE JANEIRO

Às 9h19, recebi um e-mail do seu pai na agência: "Amorzinho meu, tenha um delicioso dia. Um beijo bom, G. Tô com saudades".

Perto da hora do almoço, surpresa: a secretária ligou dizendo que havia um Guilherme na recepção. Fazia um tempo que ele tinha dito que iria conhecer a nova programação visual da agência onde eu trabalhava como diretora de criação. Fui alegre buscá-lo no hall, mas o encontrei com uma fisionomia triste. Explicou que estava tenso com o trabalho e eu entendi. Era assim que ele ficava no início da gestação de uma campanha.

No meu caso, eu estava gestando você. Trinta semanas de gravidez e você mexia sem parar na minha barriga. Eu só conseguia pensar na sua chegada.

A visita foi rápida. Mostrei a nova decoração da agência, tomamos um café. Eu ia almoçar com um amigo e nos despedimos. No final do expediente ele mandou um e-mail pedindo minha opinião sobre os primeiros layouts que fez para a tal campanha. Lindos, como sempre.

Espero que dessa vez ele tenha acreditado.

Da agência fui ao shopping comprar coisas que faltavam pra sua chegada. Estava diante de uma vitrine quando atendi ao telefonema dele: "Você está onde mais gosta, não é, amor?". Ri, mas confessei estar triste comigo mesma por ainda ser tão consumista. Apesar dos 36 anos, ainda me sentia imatura para ser mãe. "Amor, estamos começando uma fase tão nova das nossas vidas", ele disse com o carinho de sempre. Rodei o shopping e mais tarde liguei contando que tinha comprado o bebê-conforto. Ele ficou triste, tínhamos combinado de ele mesmo comprar, mas o preço era bom e meu senso prático falou mais alto. Combinamos de nos ver na minha casa mais tarde.

Antes de entrar na garagem do prédio, vi que ele me esperava na porta. "Que sintonia", ele disse, pois tinha acabado de chegar. Depois de um abraço longo e silencioso, subimos para o apartamento. Na sala, ele parou pra observar a cortina que tinha acabado de ser instalada. Tinha me ajudado a pensar em cada novo detalhe da sala nova. Calado e com seu senso observador, fechou a cortina, olhou e demonstrou aprovação.

Vi que ele estava de fato chateado. Chorando, pedi que ele me desculpasse. "Não é por não querer esperar você, mas há tanto tempo eu só conto comigo mesma, que não sei esperar o tempo do outro." E continuei dizendo que aquele apartamento, a decoração nova, o seu quarto, que estava para ficar pronto, tudo só fazia sentido com a presença dele.

"O seu amor é tão bonito", ele disse. E era mesmo. Foi quando vi que ele também estava chorando. Sentados no sofá, minhas pernas no colo dele, suas mãos na minha barriga, sentimos você se mexendo mais uma vez. E ficamos um tempo abraçados.

O clima ficou mais leve quando abrimos a caixa da babá eletrônica que eu havia comprado. Testamos e foi divertido imaginar a casa já habitada por um bebê. Levemente irritado, ele percebeu que um dos sensores não funcionava. Separei o aparelho pra trocar no dia seguinte.

Eu disse que tinha fome, ele fez uma pizza rápida e, depois, que eu comi, se levantou pra ir pra casa. Não sei por que eu não o chamei para dormir comigo naquela noite. Talvez eu não estivesse ansiosa pela sua presença. Vi que ele preferia ficar sozinho, e isso era bonito entre a gente: tínhamos aprendido a respeitar o espaço do outro.

Nossa despedida foi carinhosa, como sempre. Um abraço, um beijo, ele me olhou de longe e disse "Parabéns". Fiquei um tempo sem entender que era por causa da campanha aprovada naquele dia — que eu tinha passado o sábado criando.

E "parabéns" foi a última coisa que ele me disse. Depois desceu as escadas, eu fechei a porta. Como se houvesse amanhã.

DE: GUIFRAGA
DATA: 18 DE DEZEMBRO DE 2006 10H35MIN39S GMT-02:00
PARA: CRISTIANA GUERRA
ASSUNTO: Ei

bom dia, amorzinho.

que dia maravilhoso. seu dia, eu quero assim.

18 de janeiro de 2008

UM ANO

Eu achava que seria um dia muito difícil, filho. Não tão difícil como há um ano. Há um ano, era difícil digerir. Mas achava que seria um dia de lembranças duras, de saudade ardente, de imagens recorrentes. De manhã, a babá saiu pra passear com você e voltou contando que uma menina portadora de deficiência que mora na rua brincou com você, depois entregou uma florzinha pra ela e disse: "Leva pro pai dele". Depois a campainha tocou: Sedex pra mim. Todo o carinho e o amor da minha amiga Jana foram entregues numa caixa. Intactos. Meus amigos da Lápis me receberam com um abraço cheio de energia. Era um dia importante para todos nós. Recebi um e-mail da minha amiga Márcia Lima que me esquentou o coração. Foi também com um e-mail que uma das minhas irmãs, que mora em Campinas, pareceu ter voado ao meu encontro, como fez no ano passado. E falou ao meu ouvido as palavras mais carinhosas. Outros irmãos e amigos ligaram, escreveram, deixaram mensagens.

À tarde cheguei de uma reunião e achei uma surpresa no computador. Umas coisas que o tio Dani encontrou como que por encanto na máquina dele — que já foi o computador de trabalho do seu pai. E assim ganhei de presente e-mails que trocamos enquanto éramos amigos. Pude guardá-los e lê-los com outros olhos. E esse dia tão importante foi marcado por uma música francesa — estava num dos e-mails que seu pai me mandou quando voltei de Paris.

(Como eu disse, ele sempre arruma um jeito de falar com a gente.) Ao longo do dia recebi muitas mensagens de novos amigos que nos acompanham com o coração. Uma energia de amor chegou até nós com uma força impressionante. Uma menina que perdeu a mãe muito cedo me escreveu dizendo que o que estou fazendo pra você é muito precioso.

Descobri que a dor, quando compartilhada, constrói coisas. Alivia outras dores. Faz a gente se sentir perto. E, assim, se dilui.

Percebi que, hoje, a falta que sinto não é mais dor.

Cheguei em casa, você me viu, abriu um sorrisão e pulou no meu colo. Parecia estar me esperando, pois quando fomos cantar juntos você soltou a voz como nunca.

Há um ano, era eu quem esperava por você. E não sabia exatamente por quem esperava. Há um ano eu não tinha você, sorridente, esperando por mim.

Mais tarde uma amiga me ligou brincando e cantando. Tinha festa na casa dela. Fui e só voltei hoje.

Um ano atrás, eu queria que esse dia chegasse logo. Porque tinha muito medo da imensidão de tempo que eu tinha pela frente. Pois esse dia tão temido chegou e a vida ficou mais leve.

....

23 de janeiro de 2008

VESTIDA ME REVELO

O que me entristece, filho, é perceber que todos nós falamos línguas muito diferentes. Quando seu pai desapareceu, era esse o meu desespero: uma sensação de que eu não seria mais compreendida. Hoje me vejo procurando um novo caminho e sei que será longa a estrada. Até encontrar quem perceba que a minha urgência nada mais é do que a urgência de ter calma. Até encontrar quem realmente me veja.

Essa sensação que eu e seu pai conquistamos, esse descanso na loucura, é porque um enxergou o outro.

Tenho a impressão de estar novamente perdida. Como criança num grande shopping à procura dos pais. Luminosos por todos os lados, tudo muito bonito, mas assustador. Com ele eu me sentia segura para ser eu mesma. Eu me sentia à vontade para não saber. Amávamos nossas imperfeições. Ríamos delas. E assim as acolhíamos. Por serem nossas. O amor de amar quem de fato éramos.

Quem sou. Essa mulher enlouquecida que se encanta pelo que é belo e novo, que ao invés de se esconder se mostra em sua fascinação pelo aparentemente fútil. Essa que escreve mais do que lê, em busca de si mesma. Que em suas palavras tantas vezes se encontra. Nunca alguém tinha me aceitado assim como sou. Tão inteira. Tão inteiro. E era maravilhoso amá-lo como ele era, só por ele ser ele. Tão poucas pessoas chegam lá. Lá que não é longe, ao contrário: lá que é dentro.

Um dia depois da morte do seu pai, fui tomada por uma sensação de que enfim eu ia mudar a minha forma de viver e me relacionar com o mundo. Por uma semana tive uma certeza: a de que eu não teria mais vontade de comprar roupas novas, que abandonaria o prazer de me vestir. Uma falsa sensação de abandono de mim mesma, como uma punição, como se eu tivesse passado a minha vida toda esperando por esse desfecho para "aprender" e mudar. Como se o acontecido tivesse me mostrado que eu estava no caminho errado. Mas em alguns dias me peguei barriguda, dentro de uma das minhas lojas prediletas, escolhendo um vestido que tornasse ainda mais bonita a minha gravidez. Era a minha forma de acreditar no futuro. Ao me olhar no espelho, eu via alguém que não estava esperneando a não aceitação.

"Quanto mais sabemos lidar com o sofrimento, mais bonitos nos tornamos", escrevi outro dia no meu diário, não sei por quê. A cada dia, quando acordo, pinto um novo autorretrato. A cada dia a roupa me pinta alguém diferente, e gosto disso.

Perdi meu melhor amigo, aquele que me conhecia sem que eu precisasse falar. Mas não me perdi de mim, aquela era a prova. Ao acordar, arrumar a casa, me olhar no espelho, me fotografar, eu sentia como se seu pai tivesse me deixado como herança o seu amor por mim. Aquele amor para quem eu mostrava cada peça nova e que dizia: "Você tem que fazer um acervo das suas roupas, amor. Colocando data, onde comprou, a coleção. Você tem muito bom gosto". Ao me vestir bem bonita (fiz isso no dia seguinte, em homenagem a ele), transformo o amor que sinto por ele em uma casa florida de alegria e vontade de viver, em entusiasmo e inspiração para mostrar este mundo pra você, filho. Esse, que é cheio de imperfeições, mas é o nosso mundo.

Quero olhar para cada dia e desejar o que tenho. Quero estar sempre perto de você e de mim — não posso sentir falta de mim.

Por isso, fiz fotos da gravidez. Aquelas das quais ele iria participar, mas não deu tempo. Fiz e fiz com alegria. Com a ajuda do meu amigo Dani, com o carinho das lentes do Fernando. E registrei aquele momento pelo qual esperei tanto e que, mesmo em circunstâncias absurdas, era um momento maravilhoso. Você dentro da minha barriga, exalando uma beleza que eu nunca mais encontrei em mim. Era eu cuidando de mim. Sou eu cuidando de mim. Para cuidar de você. Para cuidar de nós.

DE: CRISTIANA GUERRA
DATA: 14 DE NOVEMBRO DE 2006 9H46MIN32S GMT-02:00
PARA: GUIFRAGA
ASSUNTO: BOM DIA, AMORZINHO.

Este e-mail é só pra dizer que o meu amor por você é que nem o Cisco: cresce a cada dia.

Um beijo,

Cris.

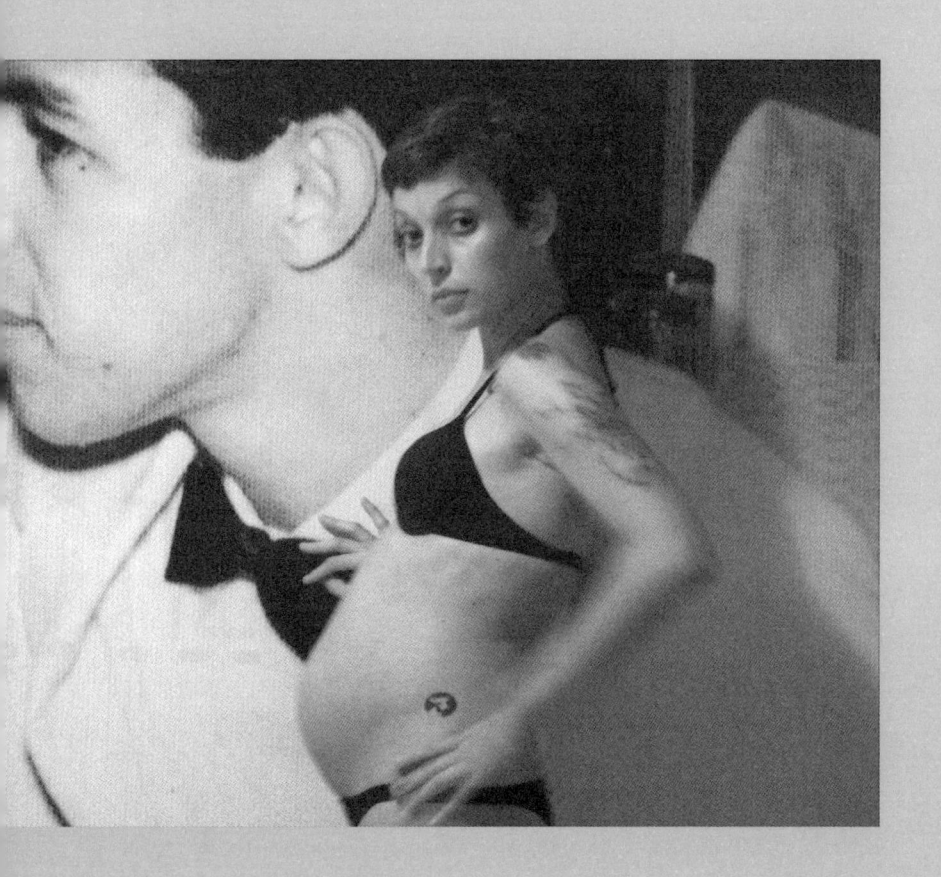

25 de janeiro de 2008

"MINHA VIDA, MEUS MORTOS, MEUS CAMINHOS TORTOS"

Foi no final do ano passado. Eu comprava um presente de Natal e a vendedora sugeriu que eu participasse de uma promoção do shopping. Expliquei que não podia, pois trabalho na agência de publicidade que atende ao shopping. Ela rapidamente sugeriu: "Coloca o CPF da sua mãe". Expliquei que não tenho mãe. A coisa começou a tomar um rumo tragicômico quando ela sugeriu "Então coloca o CPF do seu namorado". Fui rasgada na resposta: "Morreu também". Insegura e já fechando a cara, ela tentou: "Seu pai?". "Morreu todo mundo", respondi rapidamente.

Confesso que de vez em quando sou meio cruel. A mulher não olhou mais no meu rosto e ficou séria. Deve ter achado que era uma brincadeira de mau gosto. Sorte dela que não contei a história toda. Por muito tempo, também achei que essa era uma brincadeira de mau gosto. Mas de vez em quando, filho, é bom sair um pouquinho de dentro da gente e ver as coisas pelo lado de fora. Pode ser até divertido.

....

27 de janeiro de 2008

FORTE COMO UM CAVALO NOVO

Tínhamos assistido, em outubro, à peça *Por Elise*, da Companhia Espanca. Linda, linda, linda. Densa, inteligente, leve e sensível, me tocou profundamente. Dias depois mandei uma foto de um trecho da peça para o seu pai, relembrando a parte que tinha me levado às lágrimas. Lágrimas que vieram novamente por dias e dias após a peça, inexplicavelmente. A resposta dele me faz sorrir e chorar ainda hoje, filho.

DE: GUIFRAGA
DATA: 7 DE NOVEMBRO DE 2006 15H55MIN55S GMT-02:00
PARA: CRISTIANA GUERRA
ASSUNTO: RE: PRA RELEMBRAR, AMOR. FICO EMOCIONADA DE NOVO.

vc é forte, com fogo de vida, correndo em direção aos seus desejos.

eu te admiro e amo.

um beijo, G

ON 07/11/2006, AT 15:49, CRISTIANA GUERRA WROTE:

"Sou forte como um cavalo novo, com fogo nas patas, correndo em direção ao mar."

**DE: CRISTIANA GUERRA
DATA: 3 DE JANEIRO DE 2007 20H40MIN56S GMT-02:00
PARA: GUIFRAGA
ASSUNTO: LINDO.**

Coloquei você no meu desktop.

29 de janeiro de 2008

TEMPO

Ontem vi você se apoiando em uma cadeira para ficar de pé. Eu assistia à cena do mesmo ponto de vista que, um ano e pouco atrás, via seu pai montando a mesma cadeira. Às vezes ainda é muito difícil acreditar, entender, aceitar que vocês tenham sido separados pelo tempo. Estranho pensar que sou a conexão entre pai e filho que nunca vão se conhecer. Fico a me perguntar por que em minha vida fica sempre a impressão de que alguém vai para que outro possa vir. Volto um pouco no tempo e percebo que estivemos sempre correndo um do outro. Eu e ele, o tempo.

Nasci quatro anos depois da quarta filha — os quatro vieram rápido, um ano após o outro. A infância dos meus irmãos correu de mim. Sozinha eu inventava brincadeiras e comigo mesma conversava. Fui a última da turma a menstruar, namorar, casar. Demorei muito pra ver o lado bom disso.

Eu me lembro de quando minha mãe morreu e eu disse chorando pra minha irmã: "Ela não vai me ver casar". Essa era a minha principal preocupação — era assim que eu tinha aprendido. Nem minha mãe, nem meu pai. Casei-me sete anos depois da morte da minha mãe, seis meses depois da ida do meu pai, a despeito de uma sensação lá no fundo de que não seria feliz. E me apressei em engravidar, depositando aí toda a minha esperança de felicidade. O filho aconteceu, mas escorreu das minhas mãos. Depois outro filho, outra perda. Era a vida confirmando: a felicidade não era por ali.

Nesse meio-tempo, perdi minha avó e grande amiga. Ela tinha 95 anos, mas, como até então as minhas perdas não tinham lógica, achei que ela pudesse ficar mais um pouco. Mas as faltas costumam revelar verdades: coincidência ou não, poucos meses depois me separei.

O tempo trouxe seu pai à minha vida numa rapidez incrível. Éramos amigos, falávamos um pouco de nós um para o outro. Entre um cafezinho e outro, trocávamos confidências. Até que um dia ele me confidenciou coisas muito boas de ouvir. Eu me lembro da rapidez com que aquelas palavras tiveram efeito em mim.

E o tempo continuou correndo assim: ora se estendia, ora passava rápido demais.

No caso do seu pai, aquela urgência inexplicável era proporcional à intensidade do que eu sentia. É claro que eu relacionava a minha pressa às minhas perdas. A essa altura, meus sonhos de criança tinham ficado para trás. Meus pais não me viram casar, não me viram ter filhos. Nem minha avó viu um filho meu, e sei que ela sonhava com isso.

No pouco tempo que eu e seu pai tivemos, idas e vindas mostraram que nosso tempo não era o mesmo. Mas tempo algum foi capaz de nos separar.

Quando você veio, a mãe da minha mãe ainda estava viva, mas tão doente que nem compreenderia se eu contasse que eu estava grávida. Em alguns meses ela literalmente descansou. O que mais posso dizer de uma mulher que ficou viúva aos 23, criou três filhas, nunca mais se casou, ficou dois anos numa cama e só parou aos 91? No mínimo, que ela exigiu demais de si mesma. Seu pai não teve tempo de conhecê-la, mas foi comigo ao enterro — que, ironia, foi dois meses antes do dele.

Acho linda a maneira como o Gui conviveu com a memória dos meus pais e da minha avó Juracy. Mesmo sem tê-los conhecido, falava deles com orgulho e ternura, como se tivessem sido amigos. Quem saberá dizer se não foram mesmo. Uma vez chegou contando que na sauna do clube um senhor mais velho falava de seus tempos de basquete e ele, orgulhoso, contou: "Você deve ter conhecido meu sogro, ele jogou basquete no Ginástico". E os dois bateram um longo papo sobre meu pai, sem que o homem tenha percebido que eles não tiveram tempo de se conhecer.

No clima dessa lógica invertida, vivi a sua vinda com alma de criança. Entendi que era a minha hora de ganhar. Seu pai também nasceu de novo com a perspectiva da sua chegada. Não que ele tenha vivido grandes perdas antes, mas chegou a embarcar por caminhos infelizes — e a sua vinda significava para ele a vida fresca de novo.
O fato é que eu sempre me senti diferente e por um tempo lutei contra isso. Foi inútil. Queria ser convencional, mas não era para mim. As tatuagens que estampo no corpo falam muito pouco dessas diferenças. Aqui dentro existe uma mulher que já teve seus sonhos de princesa. Mas, se assim não me foi a vida, procuro levá-la da maneira mais divertida e mais sincera.

Pari você com a perspectiva de um namorado novo. Sim, porque eu sabia o que era a morte. Sabia que seu pai não ia me ligar de novo, nem me mandar um e-mail. Eu já conhecia esse silêncio. Embora confesse que, vindo dele, me assustou.

Hoje: no papel, sou separada; de fato, sou viúva; na prática, sou mãe solteira. Convivo com uma presença que não me deixa esquecer a falta. E ainda assim me sinto uma menina.

Durante a minha vida, este parece ter sido o grande desafio: aprender a lidar com o tempo, entender que não sou a dona dele. Algumas coisas aconteceram muito tarde. Outras, tão cedo. Ou muito de tudo ao mesmo tempo.

Mas, quando olho pra você, filho, vejo que ainda tenho tanto tempo pela frente. Tanto tempo bom. Você tem tempo comigo e terá um tempo só seu. Não é preciso ter medo. É preciso aprender. Fazer as pazes com o tempo e entrar em sintonia consigo mesmo. E, principalmente, entender o que essas linhas tortas nos trazem de presente. Acho que estou no caminho.

DE: GUIFRAGA
DATA: 26 DE ABRIL DE 2006 10H31MIN35S GMT-03:00
PARA: CRISTIANA GUERRA
ASSUNTO: SAÚDE MINHA

amor fiz uma lista dos médicos que preciso consultar (coisinhas deixadas pra trás)...

Otorrino (minha sinusite)

Dermatologista (unhas, pele)

Nutricionista (reprogramação alimentar)

Clínico Geral (generalidades, rs)

Ortopedista (joelho e calcanhar)

Ufa, pelo menos meu coração é bom, forte e gordo de amor.

um beijo bem saudável, G

31 de janeiro de 2008

DE MÃE PARA FILHO

Seu pai amava viajar. Eu também gosto, mas não sou assim tão solta. Sempre me culpei por isso. Mas agora entendi que ser assim tem o seu lado bom. Nos meus tempos de adolescente eu ficava indócil se não arrumasse um programa no fim de semana. Ficar em casa no sábado à noite era sinônimo de ser esquecida pelo mundo. Quase como ser invisível. Com o tempo, aprendi a cultivar meus espaços. Aos 27, fui morar sozinha, e fazer minha casa teve uma importância muito grande. É maravilhoso olhar para o seu apartamento, mesmo que ele não seja próprio, e sentir que ele é uma extensão de você. Que à sua volta estão as suas escolhas, as coisas que você ama, um pouco da sua alma. E isso com o tempo melhora, porque você passa a se conhecer mais. Para mim, uma casa aconchegante fala do quanto me sinto confortável em mim mesma. Adoro viajar, filho. Mas também adoro ficar. Não sei como, mas quero poder ensinar essa sensação pra você. Quero muito que você seja feliz por ser você. Viajar é maravilhoso. Mas é fundamental gostar de voltar para casa.

....

4 de fevereiro de 2008

SÁBADOS

Difíceis são algumas noites de sábado. Quando você adormece e a noite vem trazendo o silêncio da falta. A falta dos momentos em que eu e seu pai dançávamos. A falta do cheiro da comida que ele preparava. Difícil é não ficar horas falando sobre as bobagens que na verdade são as coisas mais importantes da vida. Ele sentado ao computador, pesquisando na internet sobre alguma viagem de barco e me chamando com voz doce:
— Amor?
— Oi, amor.
— Você é o meu amor.
E eu corria para apertá-lo, abraçá-lo, o beijo no meio da risada. E a brincadeira se repetia por mais algumas vezes. A gente rindo do

amor, rindo da alegria. A alegria de não ter hora, a leveza de não ter medidas, a liberdade de ser e sentir. A sorte de encontrar alguém com quem se sentir tão à vontade.

Difícil é não ter saudade desse nada pra fazer dos sábados a dois. Você vai crescer, vai ficar adulto, vai aprender que deve ser um homem sério. Mas um dia vai descobrir de novo que as melhores coisas da vida não servem para nada. Que o melhor é contar estrelas, histórias, piadas. Que viver é de uma inutilidade deliciosa.

DE: GUIFRAGA
DATA: 27 DE NOVEMBRO DE 2006 16H15MIN34S GMT-02:00
PARA: CRISTIANA GUERRA
ASSUNTO: RE: EU, MEU NARIZ E MINHA TESTA

Imprimi uma foto sua e ficou maravilhosa. Agora, além do meu desk, tem você em papel, pregada ao lado do Tintin.

21 de fevereiro de 2008

FUI PARA UMA ILHA E LEVEI SEU PAI

Chovia.

Era assim o nosso paraíso.

Não sabíamos que era despedida.

Por isso rimos — o tempo todo.

Melhor assim.

Amor que não cabe, filho.

Hoje meu coração está aceso de saudade.

Lateja e brilha, dói e sorri.

Amor, amor, amor.

Hoje sou poesia.

Sou verso, não tem mais volta.

Melhor assim.

6 de fevereiro de 2008

E COMO FALO

Não falo de um amor perfeito, filho. Falo de um amor real. E essa talvez seja uma de suas grandes qualidades. Falo de um encontro, de um acreditar. Não falo de planos, prestação de apartamento, lote para construir, projeto do quarto do bebê. Não falo de planejar a próxima viagem de férias. Falo de uma sinceridade. De um estar inteiro, a cada momento em que se decidia estar. Falo de um sorver a vida como se bebe vinho ou café quentinho. Falo de muitos sins e, também, de nãos. Nãos que eram de amor. Falo de uma certeza que tinha curto prazo de validade, mas renovável a cada dia. Falo de cada novo dia em que era bom não ter a certeza, para de novo merecer o desejo. Falo de um desejo que nascia a cada sol. Falo de uma construção. Que foi dura. Falo de amor porque antes falo de amizade. Falo de corações puros, no sentido menos ingênuo da palavra. Falo, não porque ele não está mais aqui. Ele sabe do que falo. Falo de mim, falo do seu pai, falo de nós. Falo de você.

....

17 de fevereiro de 2008

DESPERTADOR

Ele sonhava. Viajar de navio, ter um barco, construir casa na Serra do Cipó, comprar um piano e voltar a tocar, construir pra você uma casa na árvore. Eu já tinha a companhia dele, já tinha você na barriga. Com o que mais sonhar? Era assim que minha mãe tinha me ensinado. Eu teria dito a ele o mesmo que disse o personagem do Mark Rufallo no lindo *"Minha vida sem mim"*: "O mundo parece menos assustador porque você existe". Talvez eu tenha dito, em outras palavras. Mas então ele deixou de existir. E tive que descobrir que outras coisas podem fazer do mundo um lugar mais acolhedor. Você existe, eu existo, meus amigos e tantos detalhes para os quais eu não tinha olhado antes. Tantas descobertas no meio da dor. Aprender, mesmo que tarde. E agora alguma coisa me diz que alguns dos sonhos dele não podem se perder. Comecei a sonhar, filho.

**DE: GUIFRAGA
DATA: 3 DE AGOSTO DE 2006 10H29MIN16S GMT-03:00
PARA: CRISTIANA GUERRA
ASSUNTO: EI, AMOR**

    é só pra te dar um beijo bom de bom dia, de bom bebê, de bom amor, de bom, de tudo de bom.

22 de fevereiro de 2008

ERA UMA VEZ

Enquanto uma mulher espera um filho, é bombardeada por todo tipo de medo em relação ao bebê que cresce dentro dela. Raramente teme por si mesma nesse período. É como se imaginasse haver um "seguro" natural que protege a mãe e o pai da criança durante a gestação.

Já tive muito medo de perder seu pai de repente. No meu caso, esse temor aparentemente sem sentido também chegou a se manifestar durante a gravidez, mas ainda assim os hormônios ou o estado de encantamento, acredito, o afugentavam rapidamente.

Sensações assim se manifestavam como no último dia em que dormimos juntos, no sábado, 14 de janeiro. Foi uma noite difícil, a primeira na gravidez em que parecia impossível adormecer, pois tudo me incomodava. O sono do seu pai se tornou leve para que ele ficasse de vigília, pronto para me socorrer das câimbras que eu tinha de hora em hora, aplicando rápidas e carinhosas massagens. Quando finalmente consegui me entregar ao sono, já era madrugada. Passei a manhã dormindo e, quando acordei, não o vi ao meu lado. A sensação não foi boa. Chamei por ele como criança — como você no berço a pedir que eu o salve de lá. Fui atendida com uma sessão de chamegos. Ufa. Seu pai estava ali, no escritório. Nesse mesmo dia, fomos almoçar na casa dos pais dele, sem prévia combinação. Coincidência ou não, naquele almoço a família toda se reuniu. Pela última vez, não faltou ninguém.

Três dias depois, ele nunca mais estaria ao meu lado.

A ida absurda do seu pai me trouxe uma certeza: a de que você nasceria saudável e tudo correria bem. Hoje, todos os dias, meus olhos comprovam isso e meu coração agradece.

Mas, é claro, ficou uma frustração. A sua vinda nos levou a sonhar muito alto.

Quando nos conhecemos, eu tinha acabado de sofrer meu primeiro aborto. Ele se sensibilizou com a minha história, solidarizou-se com seu carinho infinito. Quando a segunda gravidez aconteceu, meses depois, eu me lembro de chegar ao lado dele na agência para lhe dar duas notícias. A primeira, eu estava grávida. Mas sabia que aquele sangramento era a perda do bebê, então dei a notícia ruim logo em seguida. De qualquer forma, era importante que ele soubesse da vitória de uma segunda gravidez.

Depois disso, ele vivia me dizendo que tinha certeza de que eu seria mãe. Mal podia imaginar quem seria o pai.

Sentiu um secreto orgulho por isso. Muitas vezes o flagrei chorando ao olhar pra mim ou para a barriga, extasiado, como se todos os dias a notícia da sua vinda se renovasse.

Em tudo isso, claro, existe uma fantasia romântica. A de perceber o olhar do outro a nos assistir em nossa transformação. Sentir que seu pai estava vendo eu me tornar mãe era uma ideia deliciosa. Ele costumava dizer que eu era a grávida mais linda que ele já viu, e sei que era sincero. Pena que ele perdeu o período mais bonito. Não que eu fosse de fato, mas também me sentia assim. A gravidez é mesmo um tempo em que a gente fica mais viva, com uma energia poderosa pulsando dentro de nós. Talvez, por isso, uma força inesperada no momento mais difícil. Definitivamente, a gravidez não é um estado frágil.

Engraçado perceber que, depois da morte do seu pai, todas as dores que me acometiam desapareceram. Ou fui eu que não mais as notei, concentrada em um coração latejando de tristeza. Dor na coluna, dores nas pernas, dificuldade de locomoção, até as câimbras desapareceram. Se elas viessem, eu teria motivos em dobro para chorar. Está certo que se tornou cada vez mais difícil dormir uma noite inteira, mas a fita que eu fazia ao lado do seu pai não encontrou mais sentido. Eu tinha que me preocupar com outras coisas.

Acho que assisti a muita novela e filmes românticos na adolescência. Sempre quis ser a mocinha salva pelo galã. Nesse clima, sonhava com o dia do seu nascimento, com a emoção que tomaria conta dos olhos do seu pai e em como ele iria cuidar de nós dois depois do parto. Tive dois meses para me acostumar à ideia de que seria diferente.

Eu sonhava com as cenas de família dos comerciais de margarina. Imaginava ver você crescer e um dia se sentar no chão para ouvir seu pai e eu contando nossas histórias engraçadas.

Como o dia em que nos sentamos na sala de reuniões da agência para criar um anúncio em dupla e o que saiu foi um beijo roubado.

(Acho que seu pai também assistiu a muita novela.)

Ou uma ida nossa a Ouro Preto, sem reservar pousada, em que nos restou apenas um hotelzinho com quartos no subsolo, onde o calor durante a noite era tanto que seu pai apelidou o lugar de Guarapari. Ou uma viagem ao sítio de Tiradentes em que, no caminho de volta para o mato de uma noite na cidade, atropelamos uma coruja achando que era uma pedra. E depois disso a buzina do carro passou a tocar sozinha, em frente a cada porteira a ser aberta. Quando finalmente fomos dormir, sozinhos, na enorme casa do sítio, no meio da madrugada ouvimos a buzina tocar de novo lá fora, no carro estacionado. E nos abraçamos rindo, entre a surpresa e o pavor.

Sempre que íamos voltar de Tiradentes para Belo Horizonte, antes de pegar a estrada, gostávamos de almoçar e tirar um cochilo ao lado do Chafariz, embaixo das árvores. Num desses cochilos, acordamos com um enorme cão pastor alemão dormindo conosco, colado às pernas do seu pai, como se fôssemos seus donos.

Há também uma historinha de ciúmes. Durante o tempo de indecisão entre ficar ou não comigo, seu pai soube que eu tinha um pretendente. Preparou uma discreta vingança: gravou uma seleção de músicas pra mim, colocando no meio uma faixa de gosto duvidoso. Até no ciúme ele tinha seu charme, filho.

Em nossa última viagem, na estrada para Ilha Grande, estreávamos meu primeiro carro com ar-condicionado. E não tivemos coragem de ligar o aparelho, com medo de o motor do carro não aguentar na estrada. "Amor, que tal se a gente perdesse esse complexo de pobre e ligasse o ar?", sugeri a uma determinada hora. Ele estava apenas esperando a sugestão. Ao ver a diferença de clima com o ar ligado, rimos silenciosamente. "Nunca conte isso a ninguém", ele pediu. Difícil atender agora.

Quisera eu saber como ele relataria essas histórias pra você. Se completaria com detalhes, aos quais muitas vezes estava mais atento.

Claro, ele se lembraria de muitos outros casos que me fogem agora, nesse meu desespero em registrar o que vivemos.

São histórias que eu queria guardar pra você, filho. Algumas vividas e não contadas, outras contadas e não vividas. Ainda virão muitas outras ao longo do caminho.

DE: GUIFRAGA
DATA: 20 DE JULHO DE 2006 11H59MIN34S GMT-03:00
PARA: CRISTIANA GUERRA
ASSUNTO:

é só pra te dar um beijo bem goshtoso de bom dia, linda.

mesmo com esse fog, o dia tá lindo.

um beijo bom e goshtoso em vocês.

23 de fevereiro de 2008

NONADA

2005. Ele de férias em Trancoso, eu em Belo Horizonte, trabalhando. Na praia, ele relia o *Grande Sertão*. E de minuto em minuto chegava uma mensagem no meu celular. Era ele compartilhando comigo trechos do livro. "Amor vem de amor", dizia uma delas. E, no espaço da distância, o amor crescia. Partilhar o livro com alguém lá longe, debaixo do sol, em pleno paraíso. Como não amar mais e mais essa delicadeza? Amor vindo de longe. Amor vindo de amor. Não era um livro qualquer, filho. Como também não era qualquer o nosso amor.

....

26 de fevereiro de 2008

TATUADA EM MIM

Outro dia encontrei uma troca de e-mails entre mim e seu pai, de quando éramos apenas bons amigos. Surpresa foi lê-lo falando da minha delicadeza. Até há pouco tempo eu achava que ele é quem tinha me ensinado essa palavra. Se não me ensinou, lapidou em mim essa virtude.

Delicadeza do abraço a cada manhã. Do e-mail de bom-dia. Do humor amoroso. Da distância saudável. Da intensidade que fazia lugar para que respeitássemos nossos espaços. Delicadeza das coisas miúdas vistas com um olhar de amor. Do cuidar do outro sem querer fazer o outro ao nosso molde. Momentos simples que faziam a vida ficar grande.

Talvez por isso eu escreva tanto. Acho que o nosso amor impressiona pela delicadeza. Claro, filho, tivemos nossos problemas. Nossa história começou num momento ingrato. Mas, nesses dois anos, o que em tempo parece pouco, uma delicada revolução se fez em mim. Nas nossas vidas. Uma revolução que foi plantada em minha barriga e nasceu nove meses depois.

Você é síntese. Semente daquilo que falou mais alto — embora com voz bem suave.

O sentimento que tenho é de encantamento. Do começo ao fim. Talvez porque não tenha começo nem fim. É delicadeza viva e forte. Pulsando em você, pulsando em mim.

DE: GUIFRAGA
DATA: 28 DE NOVEMBRO DE 2006 11H11MIN39S GMT-02:00
PARA: CRISTIANA GUERRA
ASSUNTO: RE: NONADA.

Ele pode ficar com uma e dar a outra pro filho dele, amorzinho.

ON 28/11/2006, AT 11:03, CRISTIANA GUERRA WROTE:

O Francisco vai herdar duas edições entre as 10 mil.
Vai ser bom pro futuro dele.

ON 11/28/06, 10:50 AM, GUIFRAGA WROTE:

Meu amor, bom dia, linda.
Que gostoso vc tb ter o livro, amor.
Eles devem receber mais, mas a editora não vai fazer outra edição comemorativa, não. São só 10.000.
Amo você.
Adorei seu beijo e quero mais... hoje

ON 28/11/2006, AT 10:35, CRISTIANA GUERRA WROTE:

Bom dia, amorzinho.
Já passei lá na Travessa, de guarda-chuva em punho, pra garantir minha edição do Grande Sertão. O que você tinha separado não estava mais lá em seu nome, mas nem questionei, pois, sem colocar nenhuma dificuldade e sem que eu precisasse falar, o cara vendeu pra mim um outro que estava separado para outrem. Eu sabia que isso ia acontecer. Parece que eles vão receber mais. Avisa pro pessoal aí, se quiser.
Amor, o seu olhar melhora o meu.
Um beijo meu, bem gostoso, de língua, que nem aquele que a gente deu outro dia. E um do Cisco, babadinho, na sua bochecha.

27 de fevereiro de 2008

BALLET

Eu me lembro de observar o movimento de suas mãos cada vez que ele preparava alguma coisa na cozinha. E elas dançavam. Cantavam carinho. A cada ingrediente, um beijo: na maçã do rosto, na testa, na ponta do nariz. Mesmo um simples sanduíche. Mesmo uma sopa Knorr. O nhoque de batata amassada no garfo. O molho de tomate desde o descascar. Mesmo, e com toda a arte, o seu bom gosto em cada centímetro.

Não era um privilégio meu. Suas mãos assim faziam para cada um de quem ele gostava. Cozinhando para quinze, vinte pessoas, passava o tempo na cozinha, ora conversando com um, ora com outro, ora sozinho com o amor que lhe temperava os pratos. E aquele era seu deleite e sua alegria. Amar com as mãos: servir os pratos um a um, colocando em cada um deles o seu gosto pela vida.

Suas mãos também desenhavam. Escolhiam músicas e me puxavam para dançar. Colhiam flores. Ao escrever, entregavam o charme suave do escritor. Mãos que ora remavam, ora acendiam o cigarro. Mãos que me enxugavam lágrimas, contavam piadas. Mãos que me abraçavam forte na hora de dormir — e que não adormeciam enquanto não cobrissem minha orelha. Que discavam meu número ou compunham mensagens com uma doçura antiga, num mundo moderno e celular. Mãos espontâneas. Que passeavam pelo ar, cheias de vida e de amor.

Mãos que teciam danças. Ainda ouço as músicas — e me guio por elas.

Mãos que me seguravam o rosto no beijar. Eu era dele a cada beijo. Éramos um do outro num amor que nada tem a ver com posse.

Mãos que um dia se encontraram para seguir outro caminho. Que pareceram largar as minhas. Que não puderam tomar as suas.

Agora me dê as mãos, filho. E saiba que as suas lembram muito as do seu pai.

1º de março de 2008

JORGE BEN

Chovia.
Ele me chamava de linda, amor, amorzinho, pequena, minha pequena. Eu tinha uma predileção por este último, por particularizar a nossa história. No dia a dia, outras mulheres também eram por ele chamadas de lindas — esses paulistas delicados têm um charme perigoso.

Eu era a pequena dele, e para sua pequena ele gravou, bem pouco antes de ir, um CD com o resumo da nossa história. A primeira música? "Ela já não gosta mais de mim, ela já não é mais a minha pequena. Que pena, que pena."

Eu era a pequena dele, hoje você é o meu pequeno. Amanhã você vai crescer e as coisas vão deixar de ser como são. Mas nós três seremos sempre esses três. Eu, você, ele. Um dentro do outro. Ele faltando em nós, ele presente em nós, nós dois no coração dele. A vida é grande, filho. É bom ser pequeno diante dela.

....

5 de março de 2008

AMOR AMIGO

Poderia ter sido em um bar, na fila do banco, pela internet. Ele poderia ser amigo de um amigo meu. Mas eu e seu pai nos conhecemos no trabalho.

Eu me lembro, foi no dia 17 de fevereiro de 2003 que eu voltei a trabalhar na Lápis, depois de uns meses em outra agência. Meu primeiro trabalho foi com um diretor de arte freelancer chamado Guilherme. Que em princípio me pareceu bastante antipático.

Enquanto nos reunimos pra começar a criar, ele falou ao celular algumas vezes, e pude perceber que morava em um condomínio afastado, era casado e tinha cães. Eu também era casada, e meu marido, além de veterinário, também tinha cães. Muitos deles, por sinal. Era criador. Poderíamos ter descoberto muitas coisas em comum. Mas saí de lá com a impressão de que ele não queria proximidade. Aquele sotaque paulista não me conquistou.

O fato é que em alguns meses ele foi contratado. E o que passei a ver no dia a dia foi um homem delicado. Amoroso. Com homens e mulheres. Seu bom-dia era sempre um abraço muito apertado. E eu gostava de ser abraçada por ele. Não pensava nisso. Mas gostava.

Com o tempo, nos tornamos amigos. Eu adorava ser amiga dele. Nossos abraços ficavam cada dia mais apertados. Eu não reparava isso. Mas adorava.

Mais algum tempo, e comecei a ter sonhos com ele. Não eram sonhos eróticos. Eu sonhava com os abraços — havia uns beijos também. Começamos a nos aproximar mais. Na cerveja depois do trabalho. No papo sobre nossos casamentos. Eu não pensava nisso. Mas adorava.

Com o tempo, caminhamos para nossas separações: eu do meu marido, ele da mulher.

Até que veio um verão, uma pista de dança, nós dois rodeados de pessoas para só termos olhos um para o outro. Ele me disse coisas nas quais eu nunca tinha pensado. "É tudo verdade", escreveu num e-mail no dia seguinte. O primeiro de uma série de conversas pelo computador. Um sentado em frente ao outro, separados (ou unidos?) apenas pelas máquinas.

Tudo isso provocou uma revolução em mim. Já éramos tão amigos. Já estávamos juntos e não tínhamos percebido.

(Apaixonar-se por um amigo é arrebatador. De repente você olha para o lado e descobre o que seu coração já sabia havia muito tempo.)

Impossível conter a minha sensação de estar voltando para casa. A minha urgência de simplesmente deitar na cama e pegar no sono. Eu não precisava procurar mais nada, já tinha encontrado.

Mas sou rápida demais para enxergar as coisas. Ele ainda precisou de muito tempo pra ver os fatos de um jeito parecido.

Quando viu, adorou.

DE: GUIFRAGA
DATA: 7 DE DEZEMBRO DE 2006 18H32MIN13S GMT-02:00
PARA: CRISTIANA GUERRA
ASSUNTO: HOJE

amorzinho.

Amigos do Rei.

reservado.

beijos de rei, meu amor.

7 de março de 2008

JUJU E UM MUNDO DE GENTE

Se não houve tempo para conhecer seu pai, você tem a sorte de ter seus avós. Mas dói pensar que você também não conheceu meus pais, seus outros avós. Nem minhas avós, que há tão pouco tempo ainda estavam por aqui.

Talvez você me entenda ao saber quem era a vovó Juju, a mãe do meu pai.

Ela foi professora durante a juventude — não por escolha própria. Queria mesmo era ter sido pintora, mas o pai dela nunca permitiu. Na década de 1930, assumiu uma turma de alunos da escola pública, os mais atrasados nas notas. Com o primeiro salário comprou livros, cadernos e roupas para as crianças. Não tardou que essa última turma virasse a primeira.

O tempo passou e ela nunca perdeu sua curiosidade, sua avidez pela cultura. Seus olhos não paravam de ler, ver e descobrir.

Herdou da mãe a longevidade e, também, o senso de humor. Tatá, a mãe da Juju, morreu aos 103 anos, ainda lúcida. Deixou saudade. Diferente das mulheres da época, vovó Juju se casou bem depois dos 20. E justo com o viúvo da irmã. Isso mesmo: meu avô tinha sido casado com Cecy, a irmã dela, que morreu de uma doença grave, deixando dois filhos pequenos. Naquele tempo, não era incomum morrer com 20, 30 anos. Hoje em dia é. (Seu pai é que contrariou a regra.)

Enquanto o meu avô era casado com Cecy, minha avó só pensava em namorar. Namorava dois ou três ao mesmo tempo, e isso sempre contava dando risadas. "Quase fugi com um paraibano", ela costumava me contar, sugerindo que aquele teria sido o grande amor. Não fugiu por medo do pai. Filho de um nobre com uma índia pega no laço, ele tinha a braveza dos selvagens. É claro que, como toda filha daquele tempo, Juju tinha medo dele. Talvez só dele, porque ao longo da vida não mostrou ter medo de muita coisa. Nem de barata.

Quando meu avô começou a cortejá-la, teve pavor. "Eu, me casar com o viúvo de minha irmã?" Não deu outra. Com ela ele teve mais dois filhos. O mais velho era o meu pai.

Depois dos filhos crescidos, compraram uma casa na Pampulha, onde passavam os fins de semana. A casa tinha sido de Juscelino Kubitschek, um dos presidentes mais famosos que o Brasil já teve — muito amigo do meu avô.

Com esse avô tive uma curta convivência, pois ele morreu quando eu estava com sete anos. Eu tinha medo dele, de suas poucas palavras em voz grave. Tarde entendi que aquele era o seu jeito de me amar. Ficaram as lembranças de seus olhares de repreensão enquanto eu brincava perigoso — em vez de proteger os meninos pequenos, os corrimãos daquela casa estimulavam o risco.

(Um dia você ainda vai ouvir falar do cara genial que projetou essa casa e que, por suas ideias novas e bonitas, como as do corrimão, deu muita dor de cabeça ao meu avô. O nome dele é Oscar Niemeyer, ele já passou dos cem anos e continua tendo ideias novas. Um companheiro dele, Burle Marx, também era talentoso e fazia os jardins das casas que ele projetava. No caso da nossa, foi minha avó quem continuou o trabalho.)

Juju ainda viveu por muitos anos naquele lugar que parecia mágico. Sua existência se confundia com a da casa. Quem a visitava saía de lá com a impressão de ter conhecido um mundo à parte. E, se reparasse naqueles jardins, veria uma palmeira com a seguinte pichação: "Mira como sou feliz". Explicava que aquele estado de espírito era da planta. Uma outra árvore, pintou de prateado. E não se cansava de fotografar as flores, como fossem parte da família.

Até o fim da vida, Juju acompanhava os tempos com agilidade. Viu tanta coisa surgir e desaparecer em favor de outras que vieram. Comigo conversava sobre sexo e sobre a internet, comentava assuntos acontecidos no mundo inteiro. E sempre se mostrava muito mais bem informada que eu. Quando ia ao jardim da frente de casa, não era raro fazer amizade com os que caminhavam pela lagoa. Gente de toda idade, que passava a parar por ali para um café.

Eu me lembro de um dia em que fomos posar para uma foto em frente a uma árvore — vovó, minha mãe e eu. Depois de várias tentativas em vão, desisti de subir na árvore. Quando olhei, Juju já estava lá em cima. E já passava dos seus 80 anos.

O mesmo jardim foi cenário de uma cena surreal: quando me mostrou em seu armário uma antiga estola de vison, Juju observou minha expressão de encantamento e sugeriu que eu tirasse toda a roupa para ser fotografada, coberta apenas pelo vison, entre flores e plantas. Lembro-me do quanto ela se divertiu enquadrando aquela neta tentando ser Marilyn Monroe.

Antes de me casar, morei um tempo nos fundos da casa dela. Na construção oficial, aquele lugar tinha sido o "cavalariço" de JK. Mas no meu tempo estava bem mofado e cheio de goteiras. Ainda assim, foi um ano que deixou saudades. Um ano de carinho e risada, em que o meu dia começava com pão fresquinho, queijo e conversa de alto nível.

Impossível esquecer as anotações que eu encontrava em sua mesinha de telefone. "Comprar desconfiômetro" e "Favor me esquecer" eram algumas delas. Vovó desabafava aos bilhetes.

Juju rolava na grama com a bisneta mais nova. E adoraria ter conhecido você. Tenho certeza: lhe ensinaria uma lição importante, que a mim transmitiu quando eu ainda era bem pequena: "Quando você bater o dedinho do pé no pé da cadeira, xingue o palavrão mais cabeludo. Vai ver como alivia".

Com o passar dos anos, só aumentava a minha paixão pela minha avó. Não envelhecemos juntas: ficamos mais jovens. Da mesma idade.

Anos atrás, passou a dizer que já tinha cumprido sua missão por aqui, que viver muito era "falta de higiene". Todo mundo sabia que era da boca pra fora. Um dia, me explicou ao telefone a razão de sua rouquidão: "É sinal de que vou ficar velha".

Não deu tempo. Vovó Juju também se foi de repente, em outubro de 2004, aos 95 anos. Deixou muito dela em mim. Espero que um pouco da sabedoria também.

9 de março de 2008

PARA, FRANCISCO!

Você é saudável, esperto, engatinha a jato e parece ter um sensor para coisas perigosas: detecta onde elas estão e corre naquela direção. E eu não sou exatamente uma mãe jovem. Hoje perdi a paciência, filho. Várias vezes. Depois chorei arrependida. Choramos juntos, embora você pensasse que eu estava rindo. Tem dias que é especialmente difícil criar um filho sozinha.

....

10 de março de 2008

PRIMEIRAS VEZES

O primeiro beijo foi roubado.
Naquela noite, de repente, todo mundo parecia ter sumido da pista de dança. Eu só via o seu pai. A música alta em volta parecia ter parado para que eu pudesse ouvir com clareza as coisas surpreendentes que ele começou a me dizer. Eu gostava do que ouvia, mas não conseguia dizer nada. Só me encostava nele e o sentia quente. Sua barba tocava o meu rosto, e aquela temperatura me fazia chegar mais perto. Reparava naquela voz que já tinha falado bem perto do meu ouvido algumas vezes. Piadas, pensamentos maldosos, confissões sem importância. Era a primeira vez que ele me sussurrava aquela verdade deliciosa. Eu me deixava abraçar.

Lembrei que estava viva. Acendi, feito lâmpada de 100 volts. Há tanto tempo eu tinha deixado de procurar e, num piscar de olhos, estava diante do que vinha buscando. Calor. Amor. Em cinco minutos, era isso o que eu estava sentindo. Já morava havia muito dentro de mim. Eu o queria agora e sempre.

O beijo só aconteceu mais tarde. A cabeça rodava. Fugi correndo logo depois.

Alguns dias se passaram para confirmar o que tinha acontecido. De fato, era tudo verdade. A diferença é que agora era verdade dentro de mim.

Uma vontade, um desejo, um amor, um amor, um amor. Desses em que a gente tem vontade de engolir a pessoa. Daí pra frente, foi difícil ficar longe.

O segundo beijo foi muito esperado e desejado. Todos os que se seguiram foram bons. Sem exceção.

Parecíamos espelhos um do outro. Víamos em nós uma equivalência. Eu gostava da elegância simples do seu pai. Ele gostava do meu jeito de vestir. Eu gostava da graça que ele fazia. Ele ria das minhas piadas. Ele me achava bonita. Pra mim ele era o homem mais bonito e charmoso do mundo. Tínhamos orgulho um do outro, de estar com o outro, de sermos pares. Tínhamos saudade de ser um do outro.

Na primeira vez em que dormimos juntos, os corpos se encaixaram e não se largaram mais. "Como pude um dia sair daqui?", foi o que senti. Abraçados, apertados, dormimos doendo de amor, carentes um do outro, colados a noite toda. O corpo padecia de cansaço, mas o coração queria permanecer acordado. Era urgente. Nessa primeira noite ele já aprendeu que eu só dormia se me cobrissem a orelha. E disso nunca mais se esqueceu. Um beijinho de boa-noite, nós dois encaixados feito colherzinha, ele me cobria com um pedacinho do lençol, para não entrar mosquito. Foi assim até o último sono juntos. Por um tempo, ficava ali a sua mão amorosa a me proteger.

Muitos meses depois, foi o acaso que tapou meus ouvidos. Ninguém veio me dar a notícia sobre a ida do seu pai. Eu mesma tive que ver.

....

10 de março de 2008

ANTES DE TI

Eu me lembro de decidir que iria ouvir uma música insistentemente. Como se fosse uma recomendação médica: ligar o computador, olhar fixamente para a nossa foto juntos, escutar a música e chorar. E repetir o exercício quantas vezes fosse necessário. Até esgotar o choro, até o cansaço superar a dor.

Era julho de 2005 e eu tinha acabado de viver os cinco meses mais sofridos da minha vida.

Meio ano antes, eu e seu pai nos apaixonamos.

Uma pista de dança, um pôr do sol na serra, uma varanda, um bar de samba, uma rodoviária, uma pousada do século XVIII, um restaurante de amigos e finalmente o meu novo apartamento. E a deliciosa viagem de ouvir histórias, rir e chorar, entre o medo e a entrega, entre o saber e o descobrir. Mas logo a vida voltou ao normal, o cenário voltou a ser a sala de criação da agência, meu apartamento se encheu de móveis e se esvaziou dele.

Ele não conseguia seguir adiante. Tinha saído machucado do casamento. Queria estar só por um tempo, reconstruir suas coisas, refazer seu espaço, retomar contato com gostos e sonhos. Queria cuidar dele, para então embarcar em uma nova relação. Está certo que eu queria ajudar, mas isso teria que começar por ele.

Era preciso deixar as coisas se assentarem — se é que isso era possível.

Acontece que trabalhávamos na mesma empresa. Na mesma sala. Um em frente ao outro. Diariamente, ele desfilava ao alcance dos meus olhos. Diariamente, eu tentava disfarçar o que estava estampado no meu rosto. Ele se assustava com a certeza absurda do que eu sentia. Eu me assustava por não conseguir me livrar dela. Ele tinha decidido não estar mais comigo. O coração dele, não.

Estar tão perto dele suscitava em mim sentimentos difíceis de controlar. Desejo. Saudade. Vontade de estar mais perto.

Da parte dele também parecia ser assim. Abraços, afagos, mimos, e-mails, músicas. Todo dia eu deparava com algum carinho vindo do seu pai. E você há de convir comigo que assim fica difícil.

Resultado: nos cinco meses em que permanecemos separados, permanecemos juntos. Não havia uma semana em que ele não me visitava em casa.

Entre uma noite e outra, trabalho. Entre um fim de semana sem ele e uma noite com ele, dúvidas. E o coração doendo de insegurança e angústia. Meu peito não teria aguentado por muito tempo.

Eu queria seguir em frente. Mas ele não me deixava em paz. Eu queria seguir em frente. Mas minha vontade de lutar por ele também não me deixava em paz.

O decorrer desses meses me deixou confusa. Eu não conseguia entender o que ele sentia por mim e nem sabia lidar com o que eu sentia. Mas tenho um senso de sobrevivência impressionante. Tentava me interessar por outras pessoas. O que até acontecia. Ele tinha ciúmes.

E o sofrimento ficava maior. Para mim e para ele.

Ao lado dele, eu me sentia feliz e livre. Separados, eu parecia condenada à prisão de não o ter. E essa era mesmo uma fórmula infalível para me prender. Mas eu vinha tentando todos os planos de fuga.

Cheguei a ensaiar uma saída do emprego. Recebi uma boa proposta e estava abandonando meus amigos e a agência de que gostava tanto. Precisava levar meus olhos para algum lugar longe do seu pai. Estava indo para outra grande agência — um passo profissional interessante — não fosse o fato de, uma semana antes da data marcada para a minha ida, o Brasil descobrir que essa agência era uma das envolvidas num escândalo nacional.

Por um lado, desespero. Por outro, alívio. Meu lugar ainda estava ali. E meu lugar continuava sendo em frente ao seu pai.

Dei um jeito de sair de férias. Fui ao Rio passar uns dias sozinha.

Mas as mensagens pelo celular chegam longe: as dele conseguiram me alcançar. Peguei uma praia, pensei, sofri, respirei fundo e voltei. Enquanto isso, ele pensou também. Na volta, conversamos e decidimos fazer a ruptura. 11 de julho de 2005. Uma conversa madura, delicada, bonita. Ele me disse tantas outras coisas. Entre elas, que sempre esteve escondendo de si mesmo o amor que sentia por mim. Disse ter esperança de que o tempo passasse e que pudéssemos de novo nos encontrar. Não seria necessário. Afinal, nos encontrávamos todo dia.

Choramos muito. Queríamos o melhor um para o outro. Queríamos ser alegria. Eu tinha que entender e respeitar. Mas as despedidas têm o poder de trazer o amor à tona, filho.

Na mesma noite, fomos à festa de uma amiga em comum. Nosso encontro foi alegre e civilizado. Ao chegar em casa, desabei. Liguei pra ele chorando. "Vamos passar essa noite juntos?", ele sugeriu. Não poderia ser diferente.

Quando chegou, eu esperava por ele de pijama. Entrou, colocou no som uma música nova e me tirou pra dançar. Seu pai não era fácil, filho. Se aquela era uma despedida, ele cuidou para que fosse inesquecível.

E foi ali, de pijama, no meio da sala, que dançamos enquanto o Jorge Drexler cantava aos nossos ouvidos: "Antes de mí tu no eras tu, antes de tí yo no era yo. Antes de ser nosotros dos no había ninguno de los dos". Difícil acreditar que aquilo fosse mesmo uma separação.

No dia seguinte, acordamos juntos e seguimos separados. Já era hora de parar de sofrer.

À noite, levei a sério a tal terapia do choro. Música, foto, música de novo. Logo veio o sono, o melhor amigo dos corações partidos. Na manhã seguinte, acordei e a realidade doeu de novo.

Mas dessa vez eu tinha decidido que seria diferente. Segui forte para enfrentar mais um dia de trabalho, mais um dia vendo seu pai. À noite, no aniversário de um amigo, a vida me presenteou com sinais de alívio e esperança. Novos ares, novas pessoas. É preciso saber olhar para os lados. Em três dias, comecei a namorar outra pessoa. Era fim de semana, e acho que seu pai nunca soube disso.

Depois de meses, finalmente eu terminava feliz um domingo. Meu amigo Dani tinha acabado de sair da minha casa depois de uma tarde leve e divertida. Tinha acabado de conhecer meu novo namorado. E eu estava indo dormir satisfeita. Enfim, seguia em outra direção.

Era por volta das dez da noite desse domingo, 17 de julho de 2005, quando recebi uma mensagem do seu pai no celular: "Posso dormir aí?". Alguns minutos para me refazer do susto. Eu tinha decidido dizer não, mas não me veio a coragem para escrever uma mensagem tão dura. Liguei, certa de que seria mais um movimento intermitente. Ele disse que precisava me ver. Veio. Abri a porta e o que encontrei do outro lado foi alguém dizendo "Amo você".

Por um minuto, fiquei calada. Por quanto tempo esperava ouvir dele de novo aquela frase. Desnecessário dizer que era recíproco. Eu não sabia se beijava, chorava ou batia no seu pai. Ele sabia. Só fazia chorar e pedir perdão.

E foi assim, num piscar de olhos, que talvez o seu pai tenha entendido o que a música dizia: "Não entendo como podia viver antes". Também não entendo, filho. Minha vida ficou tão mais bonita quando ele finalmente resolveu fazer parte dela.

....

12 de março de 2008

FILHO

Tenho repetido mais vezes a palavra "filho", e ela soa como música. Parece haver nela um encantamento, como se, por sua dose de amor, tivesse o poder de acalmar, curar, fazer dormir. Ainda é difícil acreditar que sou mãe. E o faço com o sorriso fácil, embutido mesmo na mais cansativa das tarefas. Confesso que nos últimos anos cheguei a pensar que não era para mim. Ao mesmo tempo que parece um sonho, não consigo mais me lembrar de quem eu era antes de você chegar. Mesmo nos momentos de nervosismo, mesmo nas horas em que tudo o que sei é que não sei de nada: ser sua mãe é o que faço com mais gosto na vida. Faço sem pensar. Porque faço, porque sou. Faz tão pouco tempo, mas é como se eu sempre tivesse sido.

....

17 de março de 2008

JACK JOHNSON ESTÁ VIVO

Quando você for maior, filho, vai descobrir que nariz e ouvidos foram feitos para sentir, não para pensar. E vai experimentar a força de um aroma ou de uma música para trazer de volta as sensações mais antigas — e, só depois, trazer os fatos e pessoas por trás delas.

Nos dias seguintes à morte do seu pai, a parte mais difícil era ouvir a trilha que embalou a nossa história. De repente, num fechar de olhos, as canções que sempre me fizeram a alegria passavam a suscitar a maior dor do mundo. Se as músicas eram as mesmas, eu parecia não ser mais. Pensar que os olhos do seu pai tinham se fechado para sempre parecia fechar também a minha possibilidade de abrir um sorriso. A alegria de ouvir nossas músicas tinha perdido o sentido.

A pior parte era "Traffic in the sky", do Jack Johnson, a primeira da nossa trilha sonora. Ainda hoje é difícil ouvir essa faixa sem ouvir de novo o som das nossas primeiras risadas, sem flagrar os olhos dele acompanhando os meus. São notas que me fazem sentir o cheiro, a pele do seu pai encostando na minha, o ritmo do seu corpo dançando. Fazem nascer de novo a minha paixão por ele, com o mesmo frescor.

Lembrar é sentir de novo.

Ouvir qualquer disco do Jack Johnson me trazia primeiro uma alegria na alma e, depois, uma tomada de consciência que doía profundamente. Ao buscar de onde vinha aquela alegria, eu chegava a um lugar que já não existia mais.

Até eu entender que muitos motivos daqueles risos também vinham do que estava à nossa volta.

(A falta é a luz de um flash nos cegando por um tempo.)

Quando você tiver idade para entender isso, poderá desconfiar que a música que estou ouvindo agora pode ter sido determinante para o espírito do texto que você agora lê — e é interessante que uma carta possa juntar dois "agoras" tão diferentes.

Música era uma linguagem minha com seu pai, filho. Acho que foi por aí que começamos a nos gostar. Na época em que o e-mail parecia mágica, ele usou muito esse recurso para me enviar, não informações, nem textos, mas um coração pulsando e sua pele quente. Exata, a internet envia o inexato para tão longe. Ou para tão perto do coração.

No nosso caso, trabalhávamos a dois metros de distância, um de frente para o outro. Ele podia dar dois passos e falar no meu ouvido, mas a coisa chegava pela tela, enquanto, olhando discretamente por cima do computador, ele tentava me adivinhar a reação. Mesmo lado a lado, tivemos nosso tempo de namoro na internet. E assim ele chegou primeiro ao coração. Nunca ninguém tinha entrado tão suave e profundamente na minha vida.

Se não eram ouvidas no carro ou em casa, as músicas vinham do filme a que assistíamos juntos, eram cantadas em dueto pelas estradas numa viagem ou nos conquistavam em danças improvisadas no meio da sala.

Ainda hoje, ao conhecer músicas diferentes, me pego reconhecendo aquela que o tocaria. E até o imagino dançando. Ele no passado, a música no presente e a gente insistindo em desejar juntar os dois. É bem doída essa saudade do que não foi vivido.

Perder alguém com quem tínhamos tamanha afinidade é perder alguém de quem já conhecíamos as reações, as preferências, um pouco da alma. E, quando finalmente começamos a ouvir novos discos, mesmo inteiramente novos, eles têm o poder de trazer sensações parecidas com as dos momentos que agora nos faltam.

Conhecer uma coisa nova e identificar nela o que agradaria ao outro é sinal de muita intimidade, filho. E intimidade é uma das melhores conquistas na vida. Por muitas vezes me percebo falando do jeito como eu falava com ele, ou do jeito como ele falaria comigo. Por outras me pego dançando como se eu fosse ele. Como, então, ele não estaria presente?

Depois de alguns meses, como seu pai nunca mais ligou, eu me rebelei. E não admiti me separar também do que outrora tinha me trazido tanta alegria.

Aos poucos, fui fazendo as pazes com Jack Johnson, Finley Quayle, Madeleine Peyroux, Dinah Washington, Jorge Ben Jor e tantos outros. Músicas que hoje me trazem apenas a sensação de alegria, sem trazer junto a dor da falta.

Exercitando ouvir de novo a nossa trilha, fui aprendendo a reconstruir minha alegria. E o seu pai foi vivendo de novo, feliz, dentro de mim. Finalmente entendi que, ao perdê-lo, não fiquei sem um pedaço meu: um pouco dele é que ficou em mim. O Jack Johnson não precisava morrer junto com o seu pai.

20 de março de 2008

SURPRESA

Éramos quase inseparáveis. Eu, seu pai e seu tio Dani. Colegas de trabalho, fomos ficando mais amigos justo quando eu e seu pai nos envolvemos. Costumávamos nos encontrar, os três, para longas conversas, passeios, risadas, jantares. Éramos companheiros nas alegrias, nos medos, no não entender as coisas da vida.

Tio Dani foi muito importante, também, para fazer com que seu pai me compreendesse melhor — e vice-versa. Quando o namoro começou, terminou, começou, terminou, enfim, quando o amor surgiu, ele deu conta do sofrimento de ambas as partes. Do seu pai, que não conseguia se fazer entender — ou que nem sequer conseguia se entender. Da minha parte, que me entendia excessivamente e queria do outro a mesma clareza e velocidade.

Eu me lembro de longas tardes de domingo em companhia do tio Dani, em que ele sempre conseguia acalmar meu coração. Sem ser um leva-e-traz, ele conseguia fazer essa tradução com um talento impressionante. Sei que também ouvia as queixas do seu pai, dava conta das vezes em que ele sentia a minha falta e tinha medo de me perder, perdido ele mesmo em suas dúvidas e hesitações.

Num domingo desses, fim de tarde, na minha casa, eu e Dani falamos da possibilidade de uma gravidez. Era julho de 2006, eu e seu pai estávamos num segundo período de separação e eu tinha finalmente parado de tomar a pílula, tentando me preparar para aceitar essa situação que parecia definitiva. Mas, o Dani sabia, começamos de novo a nos ver de vez em quando, cientes de que não havia mais proteção e ainda assim um tanto displicentes quanto a outros métodos. Como se, secretamente, desejássemos mesmo uma pitada do acaso para nos ajudar a sair daquele impasse.

Naquele domingo, eu e meu amigo sonhamos com a sua existência. Ao considerar essa possibilidade quase remota, nossos olhares se iluminaram. Seria maravilhoso. Rimos, depois mudamos de assunto, como sempre fazíamos nessas tardes, saboreando um tema ou outro como num rodízio de pizzas. Não havia motivo para pensar que eu poderia de fato estar grávida.

Eu sempre fora muito precavida. Como tinha vivido um casamento em que aconteceram dois abortos e, depois, longas tentativas de engravidar novamente, pensei que certamente não seria assim tão fácil. Ainda mais por não serem tão frequentes os meus encontros com seu pai.

Dias depois, decidi que queria mesmo estar longe dele. Ele não se decidia, mas não se afastava. Aparecia no meu trabalho levando pães e geleia de presente, mandava e-mails quase todos os dias e, em momento algum, deixava de me chamar de "amor". Aquilo cansava. Eu não podia viver e não viver, estar e não estar com ele. Em alguns momentos, a vida precisa de uma definição.

Cheguei a ensaiar uma carta. No dia 13 de julho de 2006, escrevi para seu pai o que hoje parece fazer ainda mais sentido:

"*Gui*

Não esqueço a emoção que senti quando você me mandou a música Como é Grande o Meu Amor por Você. Você sempre me disse coisas com músicas. Eu sempre disse as coisas com todas as letras. Mas percebi que não tenho dito para mim mesma o que estou precisando ouvir.

Faltava coragem. Sobrava apego.

Quando você escreve que quer para mim um dia leve, cheio de risadas, de alegria, de resoluções e tranquilidade, quando você me pergunta o que pode dizer ou fazer pra melhorar a minha tristeza, pra ver meu sorriso gostoso e espontâneo, não tem como eu não pensar que existe uma decisão fundamental para que esse dia volte a acontecer.

A coragem veio. Confesso que o apego ainda está comigo. Talvez esteja com você também.

Nos últimos dias tenho estado angustiada, com a clara sensação de que preciso dar um passo na minha vida e que alguma coisa o está impedindo.

A gente se separou há cinquenta dias, e nesse período nunca ficamos sequer uma semana sem nos encontrar. No começo tentei firme, queria saber da minha vida, não havia mais nada a fazer. Bastaram poucos dias para ver que isso era bem mais difícil do que eu imaginava.

Conversamos, com carinho e amor, mais uma semana se passou e alguns e-mails trocados com você me mostraram o tamanho da minha saudade. Assim, abri uma porta para que voltássemos a nos encontrar.

Na semana seguinte foi você quem me procurou, dizendo que tinha pensado muito em mim. E assim seguimos nossas vidas, sem realmente fazer a ruptura, sem a coragem de encarar a separação definitiva.

Tentei seguir por esse caminho do meio. Sou avessa a radicalismos. Antes de tudo, éramos (e somos) amigos, colegas de profissão, temos amigos em comum, muitas coisas a compartilhar.

Temos ligações demais um com o outro, sempre fomos companheiros, sempre estivemos lado a lado. Por isso, é muito difícil e doloroso ficar longe. Mas algo dentro de você diz que assim deve ser, e só me resta respeitar, entender, acolher. Sei que é sofrido pra você também. Acredito no amor que você sente.

Você é tão carinhoso, amoroso, delicado, sempre presente na minha vida, de uma forma ou de outra. Mas me sinto apegada demais a esse carinho, a essa presença. E isso me impede de seguir adiante. Sou muito pouco firme quando o assunto é amor. Mas não posso ser mais amorosa com você do que comigo mesma. Preciso ser dura, comigo também, porque sinto que quero e mereço uma relação diferente dessa. Quero a serenidade de seguir a vida sabendo que tenho o amor ao meu lado.

E não sinto isso hoje. Não tenho a liberdade que quero para estar com você, dar o carinho que tenho, manifestar o amor que sinto. O que não quer dizer que não esteja encarando o fato de que é fundamental saber e gostar de ser só. Não quero me fundir nem me confundir com ninguém. Mas quero uma relação plena, onde as duas pessoas desejam seguir na mesma direção.

Muito do que nos trouxe até aqui não pode ser expresso. Já conversamos muito, nos conhecemos bastante, convivemos há um ano e sete meses, e confio nesse amor que existe tão forte entre nós.

Assumo: o caminho mais doloroso é me separar de você. Parar de falar todo dia por e-mail, parar de ter notícias, esquecer você para me lembrar mais de mim. Mas esse caminho mais doloroso parece ser o único que resultará em alguma coisa melhor mais adiante. Para mim e para você.

Preciso viver o seu luto. Talvez o sofrimento seja até necessário. Existem coisas que a gente só aprende sentindo.

Tenho esperança de que a gente um dia se entenda novamente, mas não posso viver com essa esperança pulando na minha frente.

Quero seguir minha vida. Preciso.
Quem sabe daqui a um tempo nos olhemos de novo e nos conheçamos outra vez. E nos reconheçamos como o que tivermos que ser um para o outro. Amigos, sempre seremos. É só uma questão de tempo. O tempo vai passar, e ainda vamos nos olhar sem dor — apenas com uma saudade boa.

Descobri: prefiro ver você feliz longe de mim do que infeliz ao meu lado. E nesse momento o meu amor não pode fazer mais nada por você. Você optou por estar sozinho para conseguir lutar por si mesmo. Então é hora de encarar isso, com todas as dores que isso possa trazer.

Não te quero pela metade, te quero inteiro. Não para mim, mas para si mesmo. No dia em que você descobrir que já tem aí dentro o que é mais precioso, talvez perceba que, sim, já está inteiro. E talvez entenda o quanto pode ser bom ter você — e ter a mim.

Eu também desejo que a paz de Deus guarde o seu coração e sua mente. Sempre. E, embora pareça que estou dizendo o contrário, saiba que, quando precisar, pode contar comigo.

Mas nunca se esqueça de um versinho que você me escreveu um dia: 'Tread softly, cause you tread on my dreams'.

Com amor, Cris."

Não cheguei a entregá-la. Só o fato de escrever essa carta já tinha me ajudado a decidir muitas coisas e seguir em frente. (Depois descobri haver dentro de mim uma força maior para me impulsionar.)

Mas, antes que eu pensasse se teria coragem ou não de entregar a carta, caí numa tristeza impressionante. Era mesmo o fim de um processo.

Enquanto isso, seu pai chegou ainda mais perto. Talvez tenha percebido que eu estava me afastando. E, mesmo que eu tentasse fugir, um dia, como naquele mês de julho, um ano antes, ele apareceu em casa com uma tristeza no olhar. Contou da morte repentina de um tio, convidou-me para jantar e dormiu aqui. Eu me lembro de ter dito "A vida é curta", tentando mostrar a ele que não havia motivos para não estarmos juntos. Ele tinha um medo, um medo não sei de quê.

No dia seguinte, segunda-feira, era de novo 17 de julho. Acordei dizendo a ele que aquela era a data em que completaríamos um ano de namoro, oficialmente. Ele sorriu: "Então vamos dormir hoje de novo pra comemorar?". Saiu de casa feliz e mais tarde me ligou decepcionado, dizendo que teria que trabalhar até tarde e perguntando se eu o "aceitava" logo mais. Eu ri. Sugeri que a gente se encontrasse com calma no dia seguinte e desliguei o telefone tranquila, sentindo seu pai de novo ao meu lado.

Como não nos encontramos como planejado, fui procurar o que fazer. Foi então que fiz as contas e vi que minha menstruação estava um ou dois dias atrasada, coisa que nunca acontecia. Liguei pra farmácia e pedi um teste de gravidez. Acho que fiz isso pra matar o tempo. Eu já me conhecia quando tinha a esperança de estar grávida e tinha medo do que começasse a construir com essa possibilidade — conhecia também a dor da decepção.

O teste chegou, eu estava sozinha em casa e queria acabar logo com isso.

Azul. Um azul intenso, antes mesmo do tempo indicado nas instruções.

Um azul que eu não tinha visto nem nos dois testes positivos anteriores, no meu primeiro casamento. Sorri. Sorri de novo. O medo correu do meu sorriso.

"Dani, tô grávida", contei entre uma gargalhada e outra, num telefonema afoito. Naquele momento, eu não pensava na reação do seu pai. Só sentia uma intensa alegria e a sensação de finalmente estar realizando um velho sonho. O maior de todos.

Em plena segunda-feira, onze da noite, eu e tio Dani fomos tomar um chocolate quente pra comemorar. O sorriso ainda no meu rosto. Era a vida mostrando sua força mais uma vez. Era a força da sua vida entrando na minha, filho.

No dia seguinte, enquanto seu pai esperava ansioso pelo nosso encontro, eu mal podia aguardar o resultado do teste de laboratório. Na hora do almoço, o sonho se confirmou. Liguei para o tio Dani, que esperava indócil ao lado do seu pai, sem nada poder revelar. Seu pai não entendeu aquele telefonema enigmático e aquele sorriso ridículo que insistia em figurar no rosto do amigo.

A noite chegou e, com ela, o Gui. Entrou em casa feliz como criança, trazendo de comer e de beber. E já começou a conversar, deixando transparecer a alegria de estar se entregando de novo. Foi difícil, não havia como não fazer uma ruptura naquela conversa animada.

— Tenho uma coisa pra te falar.
O clima ficou tenso. Ele olhou pra mim e arriscou:
— Sua menstruação não chegou.
Mas antes que ele pudesse terminar a frase, eu já tinha dito a minha:
— Tô grávida.
Ele riu, como quem acaba de ouvir uma piada. Tensa, inventei o que falar:
— Pode não vingar, ainda tá muito no começo.
Ele ficou alguns segundos sem dizer nada. Ao final deles, estava em prantos. Convidou-me para sentar no seu colo, me abraçou e perguntou quando provavelmente você iria nascer.
— Março? É quando já posso vender o apartamento.
Perguntou se eu já tinha pensado em algum nome.
— Francisco ou Cora — respondi prontamente, pois você já era um sonho bem antigo.

Ele se encantou pelos dois.

Depois ligou para Trancoso. Queria que sua amiga Xiquinha fosse a primeira a saber.

Mais tarde fomos dormir. Abraçados, felizes, juntos como nunca, diante da novidade deliciosa que já mudava tanto as nossas vidas.

....

21 de março de 2008

A FLOR QUE ELE PLANTOU

"Olha, amor, eu não tô só. Tem as flores que plantaste. São ternuras que deixaste dentro do meu coração." ("Dengo maior" — Gonzagão)
Demorei para identificar os sinais da sua chegada. Entre a dúvida e constatar que era pra valer, nem deu tempo de sentir medo. Um frio, muito mais que um frio na barriga. Uma emoção que não tem nome nem medida. Tão logo aqueles espasmos foram nomeados contrações, se tornaram mais frequentes.

Era o primeiro dia do outono — e a minha história com seu pai tinha começado no dia da chegada do verão.

Junto com a sensação de ser um relógio cujos ponteiros corriam cada vez mais rápido, a certeza de finalmente estar a caminho de conhecer a pessoa pela qual esperei a minha vida toda. A pessoa que viria me renascer.

Eu esperava havia nove meses. Ou cinco anos? Ou 36? Eu esperava a minha vida toda por você. E era por você que eu tinha sorrido naqueles últimos dois meses.

Cada contração latejava um futuro e um passado. Doía o meu amor pelo seu pai. Doía ele não estar ali para viver comigo esse sonho. Doía a falta dele como doía intensamente a anunciação de uma próxima presença. Doía o amor que partiu e o que estava prestes a chegar. Dores alternadas. Uma física, muitas na alma. A primeira passou com a anestesia.

Mas entre uma dor e outra também pulsava alegria. E pulsava inteira, brilhava, pulando que nem criança em véspera de Natal, sonhando com o presente.

Durante a gravidez, por muitas vezes me peguei imaginando esse momento. Invariavelmente eu chorava. Às vezes comentava sobre isso com seu pai e o via fechar os olhos: "Amor, quando ele chegar vou enlouquecer".

Aos cinco meses, frequentamos o curso do casal grávido. Foi divertido, esquisito, inusitado, emocionante, delicado. Ele guardou todos os detalhes de muitas palestras, e eu contava com sua memória para lembrá-los depois que você nascesse. Rimos dos vídeos de propaganda das filmagens de partos — cenas clichê dos maridos beijando as barrigas de suas mulheres, dançando com os dedos a calçar sapatinhos de tricô. Ele prestava atenção. Ele achava ridículo. Mas o fazia com classe. E a alegria de saber que, clichê ou não, ele seria pai também.

Entre uma contração e outra, talvez essas cenas tenham me vindo à cabeça. Talvez não. Uma vontade de chorar de alegria e de saudade, uma vontade de não ter sido assim. Não havia tempo para lamentar. O milagre se anunciava à minha frente. Finalmente ver o seu rosto, trazer você junto ao meu peito, acolher esse amor transformado em gente. Finalmente.

Cheguei à maternidade antes do médico. Aqueles vinte minutos, sim, pareceram nove meses. A caminho do bloco cirúrgico, a bolsa estourou. E como era quente o mundo em que você vivia. Difícil querer sair de lá. Mas você quis. Rápido, forte, intenso.

Enquanto família e amigos esperavam lá fora, lá dentro o doutor Walter revezava entre o papel de médico e o de pai e companheiro. Sim, foi isso o que eu senti. Sei que ele sofreu comigo a perda do seu pai. Eram deliciosas nossas consultas e conversas a três. Pouco tempo a cada mês, mas o suficiente para que eles se gostassem e conhecessem suas delicadezas. Naquele momento, pacientemente, ele esperava a natureza seguir seu curso. As mãos serenas na minha barriga, parecia olhar pra mim como quem me admirava a coragem. Mas era dele a coragem.

Sua tia Tissa também trouxe para bem perto a sua serenidade. Uma presença tentando suprir tantas faltas — quantas pessoas estariam representadas por ela naquele momento?

Se seu pai estivesse lá, talvez desmaiasse. Imagino que não teria suportado os odores fortes da sala de parto — tinha um olfato impressionante. Ou talvez não, talvez isso perdesse a importância diante do significado daquele momento. Acho que ele seguraria a minha mão ou me faria carinho na cabeça. E teria vontade de ser o primeiro a tomar você nos braços.

A dilatação aumentava e tudo corria perfeita e suavemente. Tudo corria rápido. E, ao olhar para os olhos do doutor Walter, era paz que eu via. Uma certeza de que tudo daria certo. Claro, com a preciosa ajuda da anestesia.

(Um minuto de silêncio em homenagem ao santo homem que inventou a anestesia.)

Um minuto de silêncio foi o que vivi naquele instante. Cinco horas de trabalho de parto, e, vinte minutos depois de chegar à sala de cirurgia, você já despontava. Ouvi o seu choro. Você tinha nascido. E foi então que chorei também.
Levei alguns segundos — que para mim foram horas — até ver seus pezinhos perfeitos. Como o seu pai teria se emocionado nesse momento. "Então é de verdade?", eu me lembro de ter dito ao ver

você inteiro. E era.

Você chorava alto, forte. Quando o trouxeram para bem perto do meu peito, simplesmente parou. Você parou de chorar, filho. E veio para me fazer parar também.

....

27 de março de 2008

SEM SAÍDA

É assim todo dia. Toda vez que ouço a sirene de uma ambulância. Sentada ao volante do carro, parado ou não, ao ouvir uma sirene me lembro daquela que eu sabia ser em vão. De uma reação que não pensa, não raciocina, de um impulso que só faz correr para salvar. Lembro dessa burrice bonita de que é feita a última esperança. Lembro de insistir em não acreditar no que meus olhos gritavam para eu ver. Lembro de um buraco na porta, de uma porta que era só uma das coisas que naquele momento me separavam dele. Lembro de finalmente conhecer o que seria capaz de nos separar, o que seria capaz de me fazer desistir dele. Eu me lembro de lembrar do medo e, então, tudo fazer sentido. De uma vontade de estar errada, como das outras vezes. Lembro de estar cercada por uma verdade. Minutos antes, um telefone que tocava, tocava, tocava. Antes ainda, um e-mail sem resposta. Diante de mim, o silêncio e a não explicação. No pensamento, sonhos que eu não admitia mortos também. Atrás de mim, uma despedida que não foi. E, acima da minha cabeça, um céu azul ensolarado, iluminado de realidade. Eu lembro da dor de pensar que nunca mais haveria resposta. Lembro de um desespero e de voltar atrás na tentativa de não acreditar. Para que não me faltasse o ar. Um turbilhão de pensamentos rápidos envoltos por um mundo parado. Como se eu não respirasse, embora eu respirasse. Como se o meu coração também tivesse parado de repente. Como se permanecesse não batendo por instantes, minutos, horas. Eu lembro de imaginar a suavidade violenta que deve ter sido aquele segundo entre o estar e o não estar mais. Lembro de um silêncio agudo que ainda insistia. E de não saber para onde olhar. Lembro de uma dor ao olhar em determinada direção. E de ainda conferir, como se a qualquer momento a vida pudesse mudar de ideia, como se alguém estivesse prestes a desfazer aquela brincadeira de mau gosto. Eu me lembro de não entender. E de ter a certeza de que ele não estava mais ali. Entre mim e seu pai, a vida. A morte. Entre você e seu pai, eu. Eu me lembro. E talvez seja mesmo necessário lembrar. Para então sentir a intensidade. Lembro de procurar essa lembrança — e isso faço todos os dias. Para doer de novo e, assim, acelerar o coração, inspirar e expirar forte. E, então, querer viver. Como quem se prepara para uma luta. Como adrenalina. Como uma fúria que, enfim, é força. Eu lembro de uma lembrança que sempre volta urgente. Já faz mais de um ano, eu ainda me lembro e acho que nunca vou esquecer.

....

1º de abril de 2008

O SIM DE CADA DIA

Minha barriga já estava bem crescida. Eu e ele estávamos saindo do meu apartamento, entrando no elevador, quando eu disse, gracejando: "Você é meu marido". Ele olhou pra mim, buscando confirmação: "Sou?".

E assim nos casamos. O nosso sim, filho, era a cada dia. A cada manhã que acordávamos juntos, no e-mail carinhoso, no amor fresco e leve. Não precisávamos morar na mesma casa para sermos companheiros. Tínhamos sido casados antes. Tínhamos motivos para acreditar que era melhor assim.

Um dia ele sugeriu que comprássemos uma casinha. Foi surpresa boa de ouvir. Mas confesso que eu tinha medo de estragar tudo. Eu ficava pensando nos dias em que ele tivesse vontade de ficar só. Ou eu. Quando um começa a chegar mais tarde em casa por uma certa falta de espaço. O melhor da gente é preciso regar todo dia. Cuidar como planta frágil.

Quando passássemos a morar na mesma casa, para que os e-mails de bom-dia? Talvez se tornassem escassos os telefonemas "só pra dar um beijo". Pequenos gestos que fazem do amor uma alquimia sutil, temperando ao gosto dos chefs o prato de cada dia.

Ao mesmo tempo, queria ver isso acontecer. O aprendizado de cultivar os encontros em meio à rotina massacrante. Driblar problemas do cotidiano, encontrar a suavidade de não fazer tudo sempre igual. Será possível? Seria? Para mim seria um desafio gostoso. Era muito o amor que eu sentia.

Falávamos de quando ficássemos velhinhos. Fazíamos vozes e boquinhas murchas, brincando com a imagem que trazíamos desse futuro. Seria sempre bom.

Com o tempo, vamos aprendendo a conhecer o outro. Seus gestos passam a ser previsíveis. Mas isso também tem uma alquimia.

Por que não querer todos os dias aquele abraço quente, dormir de colherzinha, rir ao adormecer, piadas particulares, linguagem própria, segredos e sexo pela manhã? Por que eu não haveria de gostar de saber de cor seus gostos e preferências, suas chatices e manias?

Mas a vida acharia uma outra forma de eternizar esse sim.

O seu sorriso toda manhã, Francisco, é o e-mail dele me deixando um bom-dia. É o telefonema só pra dar um beijo. É o amor fresco e renovado que eu rego todos os dias.

É um privilégio seguir amando — e amando cada vez mais.

....

2 de abril de 2008

HISTÓRIAS QUE TAMBÉM SÃO SUAS

Eu pensava que a minha avó materna era tão diferente de mim.

Não conheci os pais dela, os meus bisavós. Em meu imaginário, eram um casal de nariz empinado — o que talvez explique a origem do meu. Ele, um médico carioca que foi se tratar de tuberculose na Suíça e, ao voltar, resolveu viver em Minas, construindo aqui um sanatório para o tratamento de doenças pulmonares. Ela, filha de ingleses, olhos claros, ar de rainha da Inglaterra — de nome Dora, conhecida como Di.

Tiveram 13 filhos, dos quais minha avó foi a sétima. Não sei se por um costume da época, ela ganhou o mesmo nome da mãe. Com o passar dos anos, Dorinha virou Didi.

Casou-se com Lindolpho Theodoro de Souza. E esse nome bonito é uma das poucas coisas que sei sobre meu avô. Sei também que ele morreu de câncer aos 32 anos, deixando minha avó viúva aos 23, com três filhas, uma delas ainda na barriga: essa era minha mãe.

Eu contava esse caso com certo orgulho, esperando uma reação exagerada de quem ouvisse. Sempre me impressionou o fato de a minha mãe não ter conhecido o próprio pai.

Quem diria que a nossa história seria tão parecida.

Naquele dia 17, desejei muito o abraço de duas pessoas que já não estavam mais aqui: minha mãe e a vovó Dorinha. Foi por pouco: vovó tinha ido dois meses antes. Mas tive o abraço do tio Hugo, irmão dela, por quem tenho o maior respeito e afeto: "Eu te admiro muito", ele me disse no dia do enterro. Aquela frase ficou ecoando na minha cabeça — e eu torci para um dia ser capaz de merecer essa admiração.

Voltando ao avô que nunca conheci, sei que ele tinha senso de humor. O que pode ser ilustrado pela cena que um dia vovó me contou e que não me canso de passar adiante. Na enorme mesa de jantar da família Werneck, ele passou o prato pedindo que lhe servissem um pouquinho de arroz. "Muito pouquinho mesmo. Pensando bem, é tão pouco, que nem precisa colocar".

Quando vovó se viu sozinha, não se intimidou: esperou que a filha mais nova nascesse e foi trabalhar. Por 44 anos, administrou o sanatório do pai. Com o pulso firme que muito homem não teria. Talvez por isso também tenha dado conta da caixa de marchas de um Fiat 147. Que orgulho, a minha avó dirigia.

Como também dirigia o sítio do Jacarandá, onde passei parte da minha infância. Era ali que, na Páscoa, ela escondia ovinhos de chocolate na grama e encarregava meu tio de caminhar pela estrada, vestindo enormes orelhas de coelho. Da casa, os netos acompanhavam, estupefatos, o trajeto das orelhas lá longe. Por muito tempo, neta mais nova, acreditei na existência do enorme coelho que trazia os ovos. Até que um dia encontrei as orelhas encostadas num baú. Brincando na terra de biquíni, havaianas e orelhas, eu não as tirava nem pra jantar. Achei magnífico quando vovó me serviu uma sopa de couve e cenoura.

Por 18 anos, ela também trabalhou numa obra social: bordava com as amigas durante todo o ano e ao final fazia um bazar. Encerrou quando praticamente perdeu a visão — foi justo por aí que a velhice resolveu começar.

Mas a maior prova de força veio com a perda da filha mais nova, minha mãe.

Prosseguiu.

Com os netos e bisnetos, estabelecia uma linguagem própria. Quando um deles dizia que adorava alguma coisa, ela sacava rapidamente: "Adora? Mas a Dora sou eu". Nos aniversários, costumava dar de presente os nossos pratos preferidos. Anos atrás, solicitei suspiros. Ela sugeriu que eu comprasse os ovos e em seguida me olhou apavorada: "E o que eu faço com as gemas?". Fez baba de moça, mas poderia ter sido uma simples gemada. Ninguém fazia uma gemada igual à da Didi.

Por 68 anos, minha avó viveu para os outros. Desde que perdeu o marido, nunca mais teve sequer um namorado. Preferiu guardar a lembrança perfeita daqueles três anos de vida em comum. No fim da vida, eu sei, se arrependeu.

Estava aí o que ela tinha para me dizer. Sempre fomos diferentes, repito. Mas às vezes, filho, a vida inteira de alguém nos ensina o que não fazer.

Houve, sim, outro aprendizado precioso: o nariz empinado. Sim, talvez seja de família. Mas é uma postura bem-vinda. Olhar o mundo de frente é sempre um bom começo.

....

3 de abril de 2008

NOTAS DE SILÊNCIO

Durante alguns dias em que eu e seu pai estivemos separados, em 2006, minha melhor companhia foi um disco da Cat Power, presente do meu amigo Kowalsky, que carinhosamente desenhou um coração partido na face do CD. Gosto de músicas silenciosas. É música que fala de falta — e por isso mesmo fala de encontro. De uma presença, que era o que eu estava tentando encontrar naquela época: a minha própria.

Chegar mais perto de mim, naqueles dias, talvez tenha ajudado a trazer você, dias depois. Eu me reencontrava com seu pai, mas não ia só — pela primeira vez, eu me sentia em minha própria companhia. Depois de um tempo, de fato, não estava mais sozinha: descobri você dentro de mim. E então se explicaram aquela força e aquela alegria que eu sentia sem saber por quê.

Entre a perda do seu pai e a sua chegada, eu sentia uma mistura que não sabia explicar. Dessa vez foram outras músicas e suas pausas que me ajudaram a chegar ao lugar. Minha tristeza se assentou, talvez por finalmente ter se mostrado. E era uma tristeza doce. Na confusão absurda daquele momento, um disco do M. Ward parecia me contar a minha própria história. E acabou se tornando um lugar, um lugar que eu visito de vez em quando para entender de novo o que senti. Para entender, sentindo de novo.

Tenho lembranças do dia do parto, quando fui dirigindo ao médico ainda de manhã, sozinha, e ele me disse que provavelmente você demoraria uns dias pra nascer. Eu me lembro de sair do médico, sentar de novo ao volante do carro, ligar o som e, já de licença-maternidade, ficar pensando no que fazer, naquele dia em que o mundo inteiro trabalhava e eu tinha parado para esperar o meu filho chegar. Embora o médico tivesse dito que não, talvez eu já soubesse que você estava vindo. Naquele dia, sim, senti solidão. Porque a vida das pessoas tinha que continuar. E eu estava diante de um divisor de águas. Não seria mais a mesma. Seu pai já não estava ao meu lado para presenciar essa mudança — nem para mudar comigo.

Até hoje, ao ouvir de novo esses discos, tenho uma vontade de chorar que não é de tristeza. É de beleza. De um ir e vir, sem lógica ou explicação. Beleza de um sentir que se mistura — o que sinto por ele, o que sinto por você. E que, nessa falta de lógica que compõe a nossa história, me ajuda a ficar em paz.

7 de abril de 2008

SAUDADE NÃO TEM FIM

Em novembro de 2006, minha amiga Patrícia Lisboa me trouxe de presente o CD do Grupo Curupaco, "O voo do pterodáctilo". Faltavam quatro meses para você nascer, e eu queria curtir cada pedacinho dessa minha entrada no mundo das mães. Comecei a ouvir o álbum no curto caminho de casa até o trabalho e ia comentando com seu pai sobre cada nova música. Até que cheguei na de número dez, que se chama "Quando o papai vai viajar".

Quando o papai vai viajar
Coração chora baixinho
Sei que amanhã quando acordar
Longe, sem o seu carinho
Vou me lembrar de você
A cada dia que passar
Sem ter você comigo
Qualquer estrela que brilhar
Trazendo o seu sorriso
Vou me lembrar de você
Da alegria de toda manhã
No bom-dia, gosto de maçã
Noite fria, cobertor de lã
Saudade não tem fim
Não demore, espere por mim

Essa eu tive que mostrar para seu pai, num dia em que ele veio dormir em casa. Quando começamos a ouvir, eu me abracei a ele e chorei compulsivamente, sentindo uma dor inexplicável. Naquele momento, eu pensava estar chorando a falta do seu avô. E me lembro apenas de sentir o seu pai me apertando muito, num abraço forte, sem dizer nada. Parecia que ele queria me proteger — talvez quisesse mesmo —, como se entendesse a sensação que aquela música me causava.

No dia seguinte, enviei a faixa para ele por e-mail. Era bonita, terna, tinha a ver com a nossa delicadeza de guardar as coisas bonitas que a gente via pela vida.

Passaram-se dois meses, e já não éramos nós dois, eu e seu pai. Você ainda não tinha nascido. Os amigos do seu pai recolhiam as coisas dele do computador do trabalho. E lá estava um arquivo de mp3 com o título Faixa 10, solta no desktop, como se não pertencesse a pasta alguma.

Tem coisas na vida, filho, que são feitas só pra sentir.

....

11 de abril de 2008

SOBRE O AMOR

Quando nasce um amor novo, é difícil resistir à tentação de alimentá-lo só com a presença. Mas é preciso deixar o amor respirar. Se você colocar uma flor bem bonita dentro de uma redoma, com medo de que o vento e o tempo levem sua beleza, manterá por muito pouco tempo o que dela é bonito.

O que eu aprendi sobre o amor, filho, é que ele é feito de faltas e presenças. E que nenhuma das duas pode faltar.

Aprendi que o amor é feito de liberdade. É como ter, todos os dias, muitas outras opções. E, ainda assim, fazer a mesma livre escolha. Dessas pequenas vitórias se faz a alegria de amar e ser amado. Descobrir no olhar do outro que você foi escolhido de novo. E de novo, mais uma vez.

Também aprendi que o amor interrompido em seu auge permanece bonito para sempre. O que pode ser muito doído ou pode ser um presente. Depende de como a gente quer guardar. Depende de como a gente quer seguir.

O amor é feito de falta, filho. Mas aí mora um perigo: adorar mais a falta que o próprio amor. Posso cometer esse erro diante de quem amo ou diante da própria falta. E aí quem passa a faltar sou eu mesma.

O amor é feito de falta, mas não sobrevive sem a presença. O amor é feito de hoje.

Por isso, ao ver a ida do seu pai, meu coração deu um nó. Como continuar minha caminhada, sem olhar para trás, se vinha de lá a nova presença, o novo amor?

Você é feito do amor de ontem, cresce amor de hoje e vai ser amor de amanhã. Você me trouxe a alegria de continuar amando o seu pai. Aquele que conheci, com quem vivi cada hoje com intensidade e delicadeza. Aquele que me transformou e que se deixou transformar por meu amor.

Você e ele, juntos, me trouxeram o milagre de continuar amando a mim mesma.

A falta do seu pai doeu ontem e dói ainda hoje. Mas não é a mesma dor. Com esse amor, tento transformar a dor de hoje em uma dor diferente amanhã.

O que aprendi sobre o amor é que ele deve estar sempre distraído. Mas quando falta o objeto do amor é o contrário: melhor não se distrair nunca.

O que aprendi sobre o amor — e isso aprendi sobre o amor a mim mesma — é que ele exige de mim, todos os dias, um esforço. Um exercício diário do qual não posso abrir mão.

É como estar num mar profundo, sem barco ou boia. Não posso simplesmente boiar. Posso relaxar um pouco, mas logo retomo o nado. Não posso boiar, não posso, não posso. A onda pode me levar.

....

17 de abril de 2008

CONFISSÃO

Poucos dias depois da morte do seu pai, apesar de me apegar muito à perspectiva da sua chegada, tive medo. Eu me senti sozinha demais para aquela responsabilidade.

Eu temia estar vazia, incapaz de amar você. É difícil saber como vai ser o seu amor por um filho que você ainda não conhece. De onde viria a generosidade para cuidar, se dentro de mim havia um campo minado de tristeza?

Sua madrinha Telida se colocou à disposição: "Se você não gostar dele, não tem problema. Dá pra mim". É claro que era uma brincadeira. Mas o sentimento era de verdade.

Confesso, filho: o que senti foi além do medo. Por alguns dias, achei injusto, pesado, quase uma lição por algo de errado que eu tivesse feito, sem saber exatamente o quê.

Mas os dias se passaram, e a proximidade da sua vinda é que foi de fato me curando. Eu me lembro de voltar da sala de parto como quem tinha ido a um parque de diversões. Deitada na maca, eu falava pelos cotovelos. Conversava sobre tudo com a enfermeira que me conduzia. Onde você fez faculdade? Essa faculdade é mesmo ótima. Conta mais, você tem filhos? Eu fiquei viúva antes de ele nascer, ele morreu assim de repente, caiu morto, imagine, mas agora estou bem, estou tão feliz, ele é saudável, bonito, né? E o parto, como foi fácil. Depois da anestesia, não acreditei, não senti nada. Você tem filhos? Quantos?

O que tecnicamente poderia ser explicado como efeito dos anestésicos, explico como senti: uma euforia por perceber que, daquele momento em diante, minha vida seria outra. Agora eu teria companhia.

Talvez eu tivesse consciência de ter acabado de passar pela experiência mais maluca da vida. A mais grandiosa também. E perigosa, emocionante, inacreditável. Euforia, impacto e uma mulher maravilhada, ansiosa para contar como tudo tinha sido tão intenso quanto rápido, tão simples quanto fantástico, natural e inédito, dolorido e suave.

E a satisfação de encontrar família, amigos, todos felizes com seu novo presente. Sim, porque você era alegria para todos nós.

Eu achava que nada pudesse superar o susto de perder seu pai daquela forma. Mas a sua chegada foi o melhor susto da vida. Esperada e tão surpreendente.

Em poucas horas chegou uma enfermeira trazendo você nos braços. O embrulho. A razão de tudo em volta.

Mesmo exausta, foi difícil cair no sono. Eu tinha virado criança de novo.

Às cinco da manhã, trouxeram você do berçário e o colocaram

ao lado da minha cama. Caindo de sono, eu olhava radiante para aquele "brinquedo" que eu tinha desejado por tanto tempo. Dormia, acordava, sorria.

Dias depois, já em casa, o telefone toca. "Tô ligando pra combinar de pegar o menino", gracejava a tia Telida. Rimos juntas do quanto era infundado aquele medo. Mas tive que desligar rápido. No quarto, minha alegria de viver gritava de fome.

....

27 de abril de 2008

CASA

Ele mora em mim. E dorme. De vez em quando desperta, com o barulho de um pedaço de memória caindo no chão. Mas logo volta a dormir. Ele mora em mim e às vezes se mexe, procurando uma posição mais confortável. Eu tento não fazer muito barulho. Confesso que, por alguns instantes, quase sem querer, vejo um pedaço do seu rosto ou do seu corpo. E me lembro do quanto é bonito. Ele mora em mim e às vezes fala com a minha voz, sonha com meus sonhos, ri com o meu riso, se move com minhas pernas, abraça com meus braços. Ele mora em mim e ama com o meu coração. Ele e o amor que sinto por ele se misturam na cama macia que existe dentro de mim. São um só, pernas entrelaçadas, num sono de colherzinha. Ele, morando em mim, me faz melhor. Olho para mim, vejo o meu amor e vejo a mim mesma. Eu me lembro de mim. Lembro da felicidade a dois, da nobreza do amor que construímos. Altruísta, leve, generoso, amor que se faz feliz ao ver o outro feliz. Ele mora em mim e me faz mais forte. Nunca, em toda a vida, tive tanta coragem. Nunca fiz tanto ao mesmo tempo. Ele mora em mim e faz ainda maior o meu amor por você, filho. Sou mãe, mas não sou pai. É ele que é pai em mim. Sou coragem e completude. Ele mora em mim e continuamos sendo dois. Porque ele mora sozinho em mim. E eu continuo respeitando seu espaço, seus motivos, sua solitude. Não pergunto por quê. Não há porquê. Ele mora em mim e será sempre assim. Dentro de mim ele se faz maior para cuidar de nós. Dentro de mim ele me faz amor. Ele mora em mim com seu amor bonito pelos amigos. Que agora é meu também. Mora em mim com sua sabedoria de amar. Ele se mudou para dentro de mim levando seu hedonismo, seu sorriso e sua delicadeza. Acho que me tornou mais alerta também. É bem-vinda a sua inteligente desconfiança. E eu, que era doce, ganhei tempero para ser melhor. Ele mora em mim e apurou meu sabor. Mora em mim com seu olhar feliz para os céus azuis, com seu gosto pelos dias de outono, seus olhos atentos para os traços em desalinho. Ele mora em mim com seu detalhismo sarcástico, sua inteligência charmosa, seu humor (e também seu mau humor) de criança. Ele mora em mim com seu jeito de corpo. E se mesclou comigo, já não sei quem sou ele e quem é eu. Sei que somos dois em mim. Ele mora em mim e o meu amor nunca mais foi o mesmo. Agora é amor maduro, sensível, amor muito e para poucos. Não mais amor fácil porque amor verdadeiro. Ele mora em mim e dorme. De portas abertas, para que esse amor que é dele chegue até você. Nosso Francisco.

....

27 de abril de 2008

ASSIM NASCEM OS PAIS

No começo, era difícil. Estar com eles era lembrar a falta doída do seu pai. Hoje, é alegria.

Gosto de saber que eles estão aqui. Gosto de estar com eles a cada sábado ou domingo. Gosto principalmente do sorriso deles ao ver você chegar. Gosto e me sinto bem, sem fazer esforço.

A cada fim de semana nos conhecemos mais, aprendemos nossas diferenças, reconhecemos nossas semelhanças, vivemos mais. Mesmo diante da falta. Fazemos dela o que foi presença, celebramos a vida do seu pai e continuamos sua história.

Qualquer família é feita desse encontro. Com a gente, talvez tenha acontecido algo especial. Seu pai nos preparou a casa, nos colocou por perto, deu o primeiro passo para esse gostar que é de diferentes, mas feito de admiração.

E, por não haver mais o seu pai entre nós, o amor que a gente constrói é bonito de sincero. Não há o que suportar, há apenas o prazer das descobertas. De uma história antiga, que é a do seu pai — a cada fim de semana eu o conheço mais, pois aprendo de onde veio. E de uma história nova que contamos juntos: a sua.

Você nos surpreende e nos ensina, naturalmente nos aproxima e nos faz sentir que somos duas pontas de uma mesma família. E assim somos família. Não mais sogros e nora, mas pais e filha. São eles os novos pais que ganhei, depois de anos sem ter os meus. Para eles dou também um pouco do seu pai de presente, revelando-o pelo olhar do meu amor. Deles ganho pedacinhos do seu pai antes de mim — e percebo que dele ainda tenho tanto a conhecer.

Isso tudo é tão bonito.

E não é porque teve que ser assim, mas porque escolhemos assim. Porque dissemos sim: eu para eles, eles para mim. E foi você quem motivou essa mágica.

Hoje saí da casa dos seus avós sentindo por eles o mais profundo amor. E entendendo que, ao fazer em mim um filho, seu pai estava plantando uma nova família pra me dar de presente.

....

29 de abril de 2008

FILHOTE

Hoje cheguei tarde do trabalho e, ao ouvir seu choro para a mamadeira da meia-noite, aproveitei pra ter você no colo por dez minutinhos. Sonolento, você sorvia o leite com voracidade. E me peguei beijando seu rosto, passando a mão nos seus cabelos. Foi então que percebi: já não era mais um bebê no meu colo. Seus 82 centímetros deitados sobre minhas pernas cruzadas, mais de dez quilos que eu amo grama a grama — e já não cabem mais suas pernas sobre o ninho que faço com as minhas. O tempo corre, eu corro. E é sempre maravilhoso voltar. Nesses meses todos, me mexi de um jeito nunca antes visto, tive uma força e uma resistência de que não me achava capaz. Esqueci o que é preguiça. Faço sem parar para pensar. (É sem pensar que a fêmea defende sua cria.) Olho para esse mundo feio e hostil, olho pra você e sigo em frente. Sou capaz de tanto mais. Tanto. Só porque você existe, filho.

5 de maio de 2008

DE BOCA CHEIA

Ele dizia "Eu amo você". Não era te amo, te gosto, te adoro. Era com todas as letras: eu amo você. Abrindo e fechando a boca numa volta completa e macia. Amor farto. De boca cheia e com gosto. De coração gordo, como dizia. Ele, que tinha um jeito de se fazer presente. Mesmo estando longe. Mesmo atolado no trabalho. Ou quando resolvia dormir sozinho e ficar pensando na vida. Não faltava a mensagem no celular, o e-mail, o telefonema — um ou dois minutos "só pra dar um beijo". Até quando eu comemorava uma conquista na agência onde passei a trabalhar, agora sem ele: não demorava muito tempo e chegavam flores, champanhe. Ele tinha essa classe, filho.

Já faz tempo que me acostumei com seu silêncio. Mas de vez em quando bate um esquecimento ou vejo uma cena que me inspira a mandar uma mensagem. De vez em quando parece que o telefone vai tocar. Um ou dois segundos depois eu me lembro. Silêncio dentro de mim.

Acho que é uma fase nova da saudade, em que o ciclo se completa e a dor da falta não é mais um escândalo. Você se distrai, outras coisas acontecem, outros amores cantam. Alegria de novo, enfim. E só de vez em quando grita a mudez da falta dentro da gente.

Mas sempre, sempre olho para o lado. E vejo você. Falando sem parar. Querendo traduzir o mundo em um minuto. Dedinho indicador de plantão apontando para todos os lados, todas as luzes, formas, cores. "Aaaammmo", de vez em quando você diz. De boca cheia também. Bracinhos abertos pra vida. A vida, filho. Alguém decidiu que a minha seria grande. Intensa. E me arrisco a dizer que longa também. Eu amo você. Meus braços vão estar sempre abertos.

8 de maio de 2008

NEM ELE, NEM EU

Não sou eu, não é seu pai. É seu pai e sou eu.

Somos nós. Não somos nós.

É você.

Que não é nenhum de nós.

Que é mistura e é tão puro.

Em você sou ele.

E ele me é.

Tão logo se fez a falta do seu pai, minhas angústias eram muitas. Eu falava, falava, tentava com desespero traduzir o que sentia, como se pela boca esse aperto pudesse ir embora. Mas não. O aperto não vai embora. Talvez aperte menos quando sentimos que conseguimos traduzir. Dividir. Quando sentimos que o outro consegue sentir.

Faz pouco tempo que entendi: um dos motivos da minha angústia era não poder explicar de onde você veio. Eu, que gosto de fotos antigas. Que conto e reconto histórias da família. Eu, que tenho irmãos. Que conheci meu pai, minha mãe, duas avós, um avô, uma bisavó que viveu até os 103.

Você não conheceu seu pai. E, sem conhecer, já conta histórias dele pra mim.

Você não conheceu seus avós maternos, os meus pais. Provavelmente não terá irmãos. Mas você não veio só de mim, filho. Veio de um universo tão grande e tão bonito.

Quando vejo você tocando a gaitinha que sua avó deu, eu me lembro: nunca vi seu pai tocar gaita, sax, piano. Sei que ele tocava. Também perdi uma parte da história, filho. Foi tão rápido e tão intenso. Você é tão real.

Olho pra você e me vejo. Vejo seu pai. Não sei onde começa um e termina o outro. Suas feições, seu jeito, suas escolhas. Sua doçura. Sua braveza. Olho mais uma vez e vejo alguém novo. Fresco, inteiro. Único. Surpreendente. Francisco.

Queria tanto você no colo dele, filho. Fazer com ele um sanduichinho de você. Apertar, beijar, morder. E, por tanto querer, quero explicar o que é isso que eu sinto. Só quero explicar porque falta.

Mas não falta. É você. Não sou eu, nem ele. É você.

Talvez, despido da sua própria história, seja mais fácil seguir. Construir caminhos novos. Encontrar atalhos. Ou errar o caminho, que é a melhor parte. Errei tantos, filho. Mas venho gostando da viagem.

Tenho certeza. Você ainda vai me contar muitas histórias lindas. E todas vão ser histórias suas.

10 de maio de 2008

O MAPA

Ela nunca fazia a lição de casa comigo. E era boa essa tática: a gente estudava direitinho e não dependia de ninguém. Mas houve um dia, um único dia, e eu já devia ter lá meus 14 anos, em que eu precisava fazer um mapa-múndi. À mão. Para mim, não havia coisa pior. Então ela rompeu com suas próprias regras. E desenhou cada contorno, escreveu cada nome de país, com a sua própria letra — e era linda a sua letra. Simplesmente fez o mapa pra mim. Nem precisei assistir, recebi o trabalho pronto. Puro amor. Impresso a lápis no papel vegetal. Às vezes me pergunto por que falo tão pouco dela. Faz muito tempo que perdi minha mãe, filho. Quase catorze anos. Minha cabeça cuidou de esquecer para que eu pudesse seguir em frente. E eu esqueci o que é ter mãe. Agora quero encontrar um mapa que me leve a ela, dentro de mim. Desde que me tornei mãe, essa saudade tem me feito falta.

....

16 de maio de 2008

PRIMEIROS PASSOS

Dias como o de hoje são feitos para guardar.

Na hora do almoço, você deu três passos em direção aos meus braços abertos. Ainda não são longas as distâncias. Cinco metros é um sonho olímpico. Mas sinto que a emoção vai ser a cada dia maior.

É natural: olhar pra você é abrir os braços e receber a sua vinda para o mundo. Quem diria, filho. Que um dia eu seria esse tudo para alguém. Ganho anos de vida ao me perceber tão importante. Faz fazer sentido. Mesmo que o mundo em volta pareça não ter. A insegurança dá lugar ao desafio e me sinto mais forte.

Não sei por quê, esse episódio me lembrou o ano de 1989, quando tirei carteira de motorista. Foram dezenas de aulas na autoescola, onde eu dirigia um Gol GTS, carro cobiçado na época. Mas meu sonho era dirigir o velho Opala 77 da mamãe. E foi somente com a carteira nas mãos que ela permitiu que eu o fizesse. Não sem a sua companhia. Eu pensava que a habilitação era o passo definitivo para a independência, mas não: começava ali a segunda parte do curso. Por um tempo, fui sua motorista. Comprar pão, ir ao banco, levar a todo e qualquer lugar. Ela dava conselhos, fazia suas observações. O que, claro, me dava certa segurança. Eu havia trocado o instrutor pela mãe. Era eu dando os meus primeiros passos no trânsito, com os braços dela bem abertos para me amparar.

Mas um dia sua avó e seu avô viajaram. E eu roubei o carro para ir a uma festa. Eu, que sempre fui tão certinha, desobedeci. Para acreditar que eu era mesmo capaz.

Sinto que vai ser assim com você. A qualquer momento você vai percorrer sozinho os seus primeiros dez metros seguidos. Vai ser na hora que decidir. Depois virão outros passos e você vai longe, vai além.

Sabe de uma coisa, filho? Não senti a tristeza que eu esperava nesse momento, por não ter seu pai ao nosso lado. Dia a dia, você me ensina a olhar para a frente. Já faz tempo que venho treinando. Hoje acho que andei. E os primeiros passos já se mostram: sua avó ficou mais viva dentro de mim.

Estes foram só os primeiros primeiros passos. Ainda virão muitos: os seus e os meus.

DE: GUIFRAGA
DATA: 13 DE SETEMBRO DE 2006 9H57MIN25S GMT-03:00
PARA: CRISTIANA GUERRA
ASSUNTO: BOM DIA, AMOR

ei, linda.

te liguei mais cedo, na sua casa, e você tinha ido pro Reiki.

Liguei pros meus pais e, simplesmente, ficaram radiantes em saber que está tudo bem, e que eles vão ter um netinho chamado Francisco.

Mandaram muitos beijos em você, amorzinho.

tenha um delicioso dia, linda.

olha como está maravilhoso lá fora

um beijo bom, Gui

22 de maio de 2008

A LUZ DA FALTA

Era uma manhã de segunda-feira. No som, a trilha do filme *Cinema Paradiso*.

Eu estava em casa, ao lado dela. E também meu pai, meus irmãos, minha avó — a mãe dela, que aos 23 anos tinha perdido o meu avô, assim como perdi seu pai. Havia muito mais gente naquele quarto. Minhas tias, meus primos, os melhores amigos dela. Eram muitos. A casa parecia um acampamento.

Foi meu pai quem sugeriu que eu colocasse a música. A doçura do seu avô, que só fui descobrir mais tarde. Generoso em tentar fazer com que aquele momento fosse suave para ela.

Foi triste. Mas também foi grande. Um privilégio. Estar ao lado dela no exato instante em que ela deixou de estar.

Esperávamos por isso havia quarenta e oito horas. Ela parecia estar indo aos poucos. Mostrou ser dura na queda.

Eu me lembro de um ato desesperado do meu pai, tirando dela o tubo de oxigênio que mostrava não mais ter serventia. Talvez ela finalmente respirasse quando seu coração pudesse descansar.

"Fico te devendo Paris", ele disse chorando.

Mentira. Se para ela Paris fosse importante, teria conseguido. Colocando os desejos dele em primeiro lugar, minha mãe dominava docemente o meu pai. Eram cúmplices: ela com sua obediência esperta, ele um menino enfiado num paletó de "homem da casa". Ele era o médico solicitado a todo instante. Ela era seu copo d´água.

Como toda boa esposa e dona de casa, sua avó cozinhava bem. A diferença é que fazia a outra parte também. Fazia o supermercado. Fazia o imposto de renda. Levava o carro à oficina, consertava a porta, trocava o chuveiro. Minha mãe era uma mulher com uma caixa de ferramentas. Não por acaso, tenho a minha também.

Ela tinha o mapa de Belo Horizonte na cabeça. Você perguntava como chegar a tal rua e ela não respondia sem antes saber o número. Explicava o trajeto com detalhes: cada ponto de referência e até quem provavelmente você encontraria pelo caminho, até chegar ao lado exato da rua, em frente ao número. Eu perdia a paciência. Era muito difícil memorizar tudo isso.

Mas eu era apaixonada por ela.

Quando pequena, tinha ouvido a minha avó dizer: "Sapato virado, a mãe morre". Rapidamente adquiri uma obsessão por manter em ordem não só os sapatos, mas o quarto inteiro. Se era esta a intenção daquele ditado absurdo, comigo deu certo. Meu armário era motivo de orgulho para mamãe — ela gostava de mostrá-lo para as visitas, roupas separadas por cores, cabides iguais.

Ela era forte. Ela era doce. Ela era persistente. Juntou tudo e teceu a colcha da minha cama, centenas de roupas de tricô, os casaquinhos que muitos bebês usaram sem nunca a terem conhecido. Alguns deles agasalharam você, Francisco.

Dulce, que não tinha esse nome por acaso. Dulce, que era um sorriso. Dulce, que também era Maria. A mim ensinou que a gente tinha duas mães: uma na Terra e outra no céu. Hoje estão as duas lá em cima.

Foi mais fácil conviver com a morte dela do que com os dois anos de sofrimento que a doença nos trouxe. Embora parecesse impossível me acostumar com a ideia da sua não existência, desejei que ela fosse. Vi minha mãe murchar como uma flor. Troquei a dor da angústia pelo silêncio da saudade. Dor mais doce e mais altruísta.

Meus irmãos já não moravam em casa. Ficamos só eu, papai e o medo que eu sentia dele. Era ela quem fazia a ponte entre nós. Acabei descobrindo que às vezes a ponte era um muro. Ganhei um pai de presente.

Por um tempo, ele cultivava a presença de objetos dela. Um chinelinho, a cestinha de tricô, os óculos. Finalmente ele estava diante da sua falta. Antes, só fazia lutar com os fantasmas da sua cabeça — a esperança com muito poucas chances de sobreviver frente às convicções da medicina.

Minha dor, deixei em segundo plano. Respeitei a escolha dele. Violentei minha vontade e suportei a convivência com aqueles pedaços dela que, aos poucos, foram desaparecendo. Não olhei para trás. Não parei para pensar na falta. Apenas agradecia porque aquele sofrimento tinha acabado. Ainda levei um tempo para me lembrar dela bem, saudável.

Para não ver papai sofrer, também não pensei no que senti ao vê-lo casado com outra pessoa — o mesmo quarto, a mesma casa, até o carro dela passou a ser dirigido pela madrasta. O importante era que ele não estivesse mais só.

Eu não desejava nem mais um dia como aquele em que ele voltou do banco dizendo: "Fui encerrar a conta da sua mãe". Naquele momento, trocamos de papéis: era ele o filho procurando o meu colo. Com o olhar, pedia minha permissão para tentar ser feliz. Prontamente atendi.

Comprou um Citroën vermelho com teto solar. E em muito pouco tempo estava casado. Vamos em frente.

Quase 13 anos sem me lembrar o que é ter mãe. É você que está me ensinando, filho. Naquele 21 de março, ela começou a nascer de novo dentro de mim.

....

28 de maio de 2008

OS PAIS QUE TIVE

Tive um pai que era o dono de quase todas as comidas gostosas da geladeira. Chegava em casa cansado, nervoso e era proibido contrariá-lo. Comia muita carne, comia o doce inteiro em apenas duas mordidas. Era médico. E, quando o telefone tocava, não podíamos dizer que ele estava. Também não podíamos dizer que ele estava dormindo. Tínhamos que anotar os recados com data e horário e íamos entregar cada recado tremendo de medo. Tivéssemos feito tudo certo ou não, ouvíamos sempre uma reação mal-humorada. Falava pouco, o meu pai. E, quando falava, a voz era grossa.

Foi campeão de basquete. Grande cardiologista. Para os de fora, um doce.

Nunca pedi dinheiro ao meu pai. Era para minha mãe que eu pedia.

Era ela quem me buscava nas festas.

Na hora do almoço, todas as questões da casa eram discutidas. E não se podia fazer isso à noite, que era quando a TV, um dos membros mais importantes da família, ficava majestosamente ligada. Em frente a ela, a alguns metros de distância do meu pai, minha mãe arrumava um canto para fazer tricô. Era difícil contar a ela o meu dia, porque ele aumentava o volume da TV à medida que eu falava. Mas dávamos um jeito de conversar em outras horas, em outros lugares.

Aos 15 anos, acordei e descobri um pai alcoólatra. O mesmo que escreveu uma oração bonita para a missa do meu aniversário. E era estranho que fosse o mesmo.

Mais tarde tive um pai que não bebia por amor à minha mãe. Distraídos, não notamos sua maior vitória.

Depois da morte de minha mãe, conheci um pai diferente de todos os outros. Talvez o verdadeiro. Também infantil, difícil, distante, cerebral. Mas capaz de conversar, desabafar, contar suas histórias com o entusiasmo de um adolescente. Este sofreu com a viuvez.

E o sofrimento inteiro, só eu vi. Rapidamente tratou de recuperar aquele tempo, perdido em tantas noites em que preferiu a televisão à minha mãe. Arrumou uma namorada, dando-me a notícia com um peso no olhar. Ficava até as três da manhã conversando com ela. Sobre perdas, sobre solidão, sobre a vida. Juntos, descobriram ter muitas coisas em comum. Este pai cometeu o pecado de se casar de novo. Rapidamente e com alguém que não era a minha mãe. E dançou com ela de rosto colado nas festas, causando o furor das filhas. E foram à Europa, lugar para onde nunca levara a minha mãe. Com esse, também morei por um tempo. Com ele, eu não era obrigada a concordar. Finalmente tinha coragem de falar o que pensava.

Quando comprei meu primeiro celular, vinha trabalhando muito. Um dia, estava fazendo as unhas no salão quando o celular tocou. Era meu pai. "Tô com saudades." Foi um dos maiores presentes da vida.

O pai que tive não é o mesmo pai que meu irmão mais velho conheceu. E os dois eram diferentes do marido da minha mãe. O pai que tive um dia era diferente do que ele se tornou mais tarde.

Amei todos eles. O último em especial. Mas um câncer o derrubou, sete anos depois da ida da minha mãe.

Da falta dos dois fiz um retrato de parede inteira para, ao acordar, continuar dizendo bom-dia.

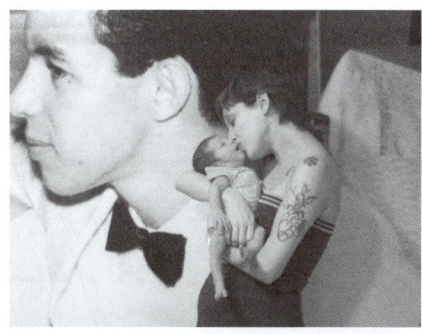

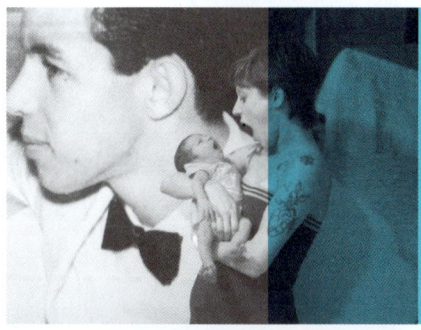

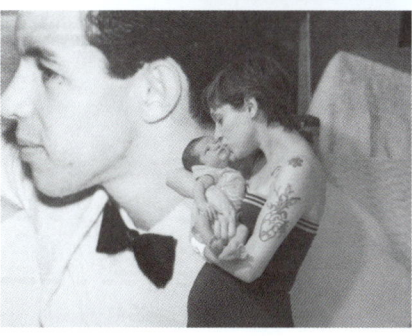

DE: GUIFRAGA
DATA: 4 DE AGOSTO DE 2006 17H34MIN40S GMT-03:00
PARA: CRISTIANA GUERRA
ASSUNTO: SÓ PRA DAR UM CHEIRINHO

amorzinho. é só pra te dar um beijo bom. pra encostar em vc. Pra colar meu rosto no seu, assim bem de levinho.

um beijo bom, gui

29 de maio de 2008

PARA QUE FLORES NÃO FALTEM

Eu estava grávida quando descobri uma canção da Marisa Monte chamada "O rio". Ao ouvir, foi aquela choradeira. Comentei com seu pai que eu tinha encontrado a música que eu queria cantar pra você, aquela que você poderia levar como lembrança carinhosa para sua vida adulta. Ele completou: Francisco também é nome de rio. Enquanto a barriga crescia, eu ia guardando comigo aquela letra e melodia. *Ouve o barulho do rio, meu filho. Deixa esse som te embalar. As folhas que caem no rio, meu filho, terminam nas águas do mar. Quando amanhã por acaso faltar uma alegria no seu coração, lembra do som dessas águas de lá, faz desse rio a sua oração. Lembra, meu filho, passou, passará. Essa certeza a ciência nos dá. Que vai chover quando o sol se cansar, para que flores não faltem.* Cantar pra você seria também ensinar que a vida é assim, cheia de altos e baixos. Achei um bom começo, um aprendizado pra você crescer levando no coração. Mal podia imaginar que eu é que precisaria cantar aquele trecho pra mim mesma, meses mais tarde. Para que flores não faltem. Quando você está doente, é essa que eu canto no meio da madrugada. Como eu desconfiava, ninar um filho é bonito porque também é embalar a si mesmo. Para depois dormir e acordar com esperança na vida.

....

30 de maio de 2008

EU E A MORTE

Muito cedo, ela tirou de mim quatro pessoas que eu amava profundamente. Também me tirou dois filhos antes que eles pudessem nascer. No auge da dor, cheguei a escrever: "A morte me persegue covardemente, sem coragem de me matar".

Penso na morte do seu pai e ela me dói. Nessas horas, choro. A despedida que não houve. A vida saindo pra comprar cigarros. De vez em quando preciso me lembrar desse dia, das imagens, dos passos até me dar conta. Preciso retomar contato com o que senti. Para lembrar toda a vida que veio antes.

Não tenha medo da morte, filho. Ela é simples. Você olha para um corpo inerte que era de alguém que você amava muito. E então compreende. Não é mais quem você amava. Não é mais porque não está mais. Parece assustador e ainda por muito tempo você não se acostuma. Mas é preciso entender que a morte vive ao nosso lado. Dá sentido a cada instante. Que prisão, o existir para sempre. Que tédio, a eternidade. Tenha medo da não intensidade, do não viver, do sobreviver. Seu pai me mostrou isso em que eu já acreditava. Viver tem que ser muito, inteiro, ou não é vida.

Entendi que as pessoas morrem, filho. À medida que o tempo passa, isso é cada vez mais cedo. As pessoas morrem e é preciso fazer algo grande. Ou algo que, de tão delicado, cresça. É preciso fazer valer.

A morte, a despedida, a dor são proporcionais à intensidade do que foi vivido. Lembrar do dia da morte do seu pai é lembrar da vida.

Não tenha medo da morte, filho. Não tenha medo da vida.

....

31 de maio de 2008

DA POESIA IMPRESSA EM MIM

Foi voltando de Tiradentes, em nossa primeira viagem juntos, que achei a palavra que ele procurava para tatuar. Era o sentimento que tomava conta de nós naquele momento. A palavra saltava dos olhos dele. Em poucos dias, tio Dani fez o desenho e seu pai imprimiu a Alegria no braço direito.

Menos de dois anos depois, eu me lembro da confusão na minha cabeça ao ver seu corpo inerte e a tatuagem ainda lá. Como não pode haver vida, se ali está ela, a alegria tatuada no braço?

Algum tempo se passou e decidi fazer essa homenagem. Agora, é o meu braço que traz a palavra. E essa nova tatuagem traz uma salada de significados sobre os quais paro pra pensar. É seu pai em mim, com certeza. É a alegria do que vivemos, a alegria de ter você. Mas acima de tudo é a alegria que ele me ensinou. Com ela, me sinto mais jovem aos 37 do que aos 27.

Ontem mesmo, na estrada, voltando da casa do seu tio, vi um céu de outono que não se explica. Tons de azul e laranja, nuvens cortando como se um jato tivesse acabado de passar — e o que havia sob esse céu era uma cidadezinha com muito verde em volta.

Hoje, vejo as nuanças de azul em cada céu. Não, filho, acho que eu não tinha esses olhos antes de conhecer seu pai. Eu não parava para olhar um pôr do sol.

Um e-mail sugerindo que eu vá olhar a lua, uma música bonita, um beijo com enfeite. Era assim que ele me ensinava. Sem pretensão de. Acordava alegre por um dia bonito. Se estivesse chovendo, arranjava outro assunto.

Hoje, ao acordar, sempre levo você pra dar bom-dia ao céu e às plantas, abraçar seus bichos de pelúcia, fazer pequenos e bobos rituais que são um obrigado à vida.

Como eu poderia dizer que sou menos feliz?

Além da alegria no meu braço, seu pai deixou poesia nos meus olhos. E não levou meus olhos com ele.

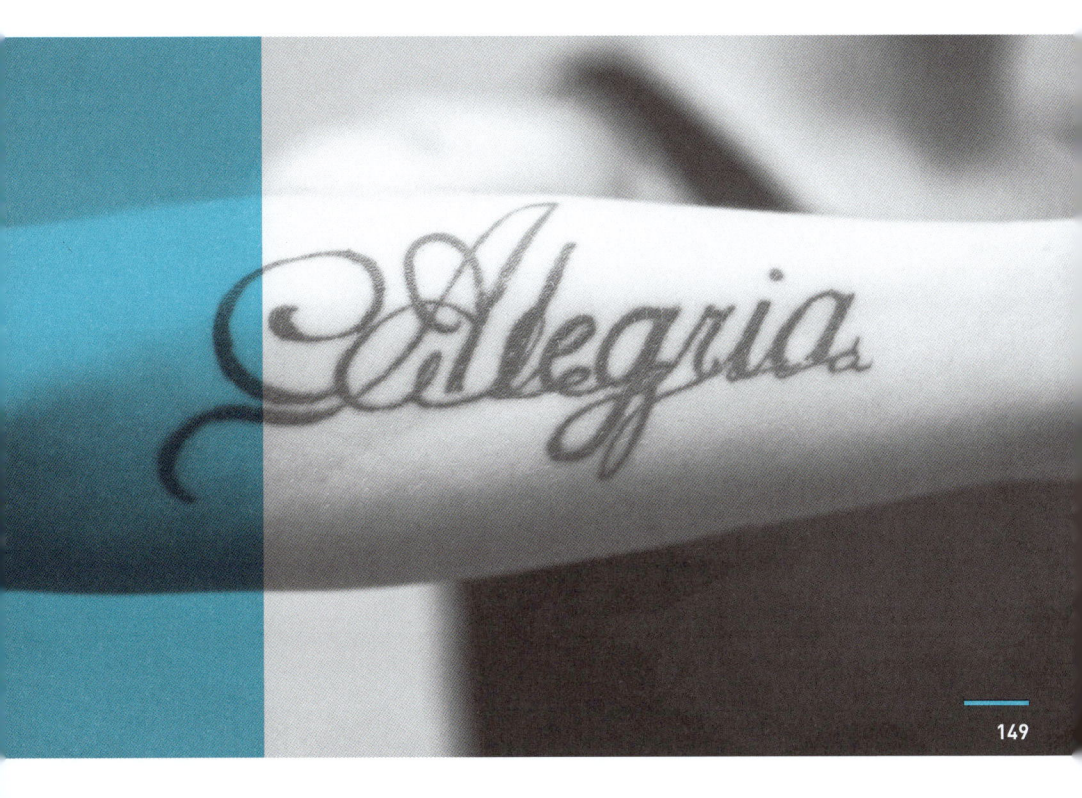

1º de junho 2008

REVEZAMENTO

Engraçado, filho. Você saiu de dentro de mim para a vida.

Seu pai saiu da vida e foi para dentro de mim.

....

2 de junho 2008

VIÚVA ALEGRE

Faz pouco dias, fui ao teatro com um amigo. Eu esperava a peça começar quando fui abordada por um rosto conhecido, mas de cujo nome não me lembrava. Ele se lembrava do meu. E contava sorridente as novidades dos últimos anos. E olhava pra mim com expressão maravilhada. Perguntou por sua tia, minha irmã, enquanto eu tentava acessar nos compartimentos do cérebro em que contexto eu havia convivido com aquela pessoa. Era alguém que eu não via havia muito tempo.

Enquanto ele contava, entre outras coisas, que tinha acabado de se separar, sua expressão denunciava que ele estava absolutamente impressionado em me ver. Acabou confessando: "Quem diria, você era tão certinha, como você mudou, estou espantado". Não entendi se para ele essa mudança era positiva ou não. Fiquei eu mesma extasiada com a impressão que lhe causei. Fazendo algumas perguntas pude lembrar que ele trabalhou comigo e com sua tia no banco. Era meu primeiro emprego e eu tinha 19 anos.

Não achei apropriado contar tudo o que tinha me acontecido nesses quase vinte anos que se passaram — mais precisamente nos últimos cinco, minha história tinha sido bem emocionante.

O fato é que fui ao teatro e acabei encontrando um pouco da minha própria história. Ao falar com tamanha sinceridade sobre a minha visível mudança, aquele homem estava contando sobre mim mesma. Talvez também sobre si mesmo e sua forma de ver o mundo.

Pudera. O que ele viu foi uma falante e sorridente mulher de cabelos curtos, nariz atrevido, estrelas coloridas tatuadas no alto das costas, uma rosa grande no ombro e outros enfeites pelos braços. Deve ter notado a palavra alegria estampada no braço direito, adereço que fica ainda mais escandaloso à medida que gesticulo. Como imaginar que justo a alegria esteja relacionada a um episódio tão triste.

Pensei sobre isso. Que essa tatuagem ilustra a situação absolutamente peculiar da minha viuvez.

Trago em mim o sentimentalismo da minha mãe, mas também seu senso prático. Por mais que eu sofresse a cada fim de namoro, minha primeira providência era tirar da minha frente tudo o que me lembrasse o "falecido": foto, número de celular, presentes e outros vestígios. Fazia isso no mesmo dia. Mesmo que viesse a sofrer muito depois, tentava não cultivar lembranças.

Quando o luto é real, o processo é diferente. Ainda assim, você sabe que não é saudável viver só de lembranças.

Acontece que eu perdi um amor a dois meses de me tornar mãe do filho dele. Não era simplesmente o desafio de viver uma grande perda prestes a ter um ganho na mesma medida. Não era só a maior tristeza e a maior alegria ao mesmo tempo, nem somente morte e nascimento praticamente simultâneos. Era a morte de um amor e o renascimento desse mesmo amor.

Como aposentar as lembranças se elas viriam nascer frescas de novo, em seguida? Como enterrar o que vivi e deixar de falar de alguém que em poucos dias estaria prestes a entrar de novo na minha vida, de outra forma? Assim é o nascimento de um filho em um casal que se ama: os laços se tornam mais fortes, o amor se confirma.

Como se não bastasse, a morte do seu pai me trouxe circunstâncias que me fizeram entrar ainda mais em sua vida. Passei a ir à casa dos pais dele com uma frequência ainda maior, o que me fazia mergulhar num universo que era todo ele. E, como não houvesse mais o seu pai como intermediário, nos fins de semana a minha participação naquela casa passou a ser mesmo de filha.

Além: voltei a trabalhar na agência em que havíamos trabalhado juntos, não para que o processo fosse ainda mais doloroso, mas porque ali estava uma empresa com que me identifico, ali estavam meus amigos e, se já não havia mais o seu pai, desapareceram os motivos para eu não estar lá. De certa forma e sem parar para pensar sobre isso, passei a ocupar um pouco o lugar dele, sem no entanto suprir sua ausência.

Moramos, eu e você, no mesmo apartamento para onde me mudei namorando o seu pai. Enfim, não me desfiz das lembranças, ao contrário: mergulhei mais fundo em seu universo. Assim vivi o luto. Talvez tenha durado muito, por esse ponto de vista.

Ao mesmo tempo, vivi a alegria da sua chegada com plenitude. Como se eu fosse obrigada a ser duas para dar conta dos dois sentimentos — sem que um fosse engolido pelo outro.

Escrever foi o caminho que encontrei. À medida que escrevia, elaborava essa confusão, aprendia com ela, tentando separar alegria de tristeza para ter direito às duas. Enquanto isso, vivi. Trabalhei, saí com os amigos, cuidei de você, me diverti, namorei. Para quem apenas me leu, a impressão era a de ver alguém que não conseguiu olhar para a frente. Para quem me viu na rua, a imagem era a de uma mãe feliz com seu filho e com seus amigos. Fui as duas coisas. Sou as duas coisas.

Agora, sinto que o luto acabou de fato. A falta do seu pai vai doer sempre, mas já acomodei essa dor dentro de mim. Como quem tem uma bala alojada no corpo que não mais oferece ameaça. Estou curada. Talvez o demorar tenha valido a pena: sinto que não voltarei a ter os mesmos sintomas.

Por outro lado, a alegria de ter você aumenta a cada dia. Dela, não quero me curar nunca. Se alguém vier me chamar de viúva alegre, filho, vou considerar o maior elogio.

....

4 de junho de 2008

OACARUF

Ele chegou no momento em que a casa caía. Ajudou a colocá-la no chão. Era preciso. E, quando eu pensava poder erguer outra em seguida, ele se retirou. Foi preciso que eu ficasse sozinha e limpasse o terreno depois daquela demolição. Foi preciso começar de novo. Algum tempo depois, ele voltou. Tinha passado um tempo preparando o seu próprio alicerce. Juntos, construímos uma outra casa. Foi trabalho duro. Foi bom. A casa ficou forte. Bonita e simples, mas forte. Ele mal viu a casa pronta. Nem chegou a morar nela. Mas é dele, é também dele a construção. Ele passou em minha vida como um furacão. Desses que destroem as casas de um bairro inteiro, em poucos minutos. Mas com ele a cena correu de trás para a frente. Passou colocando tudo em seu devido lugar. Era preciso. Para que eu continuasse buscando o sentido em mim.

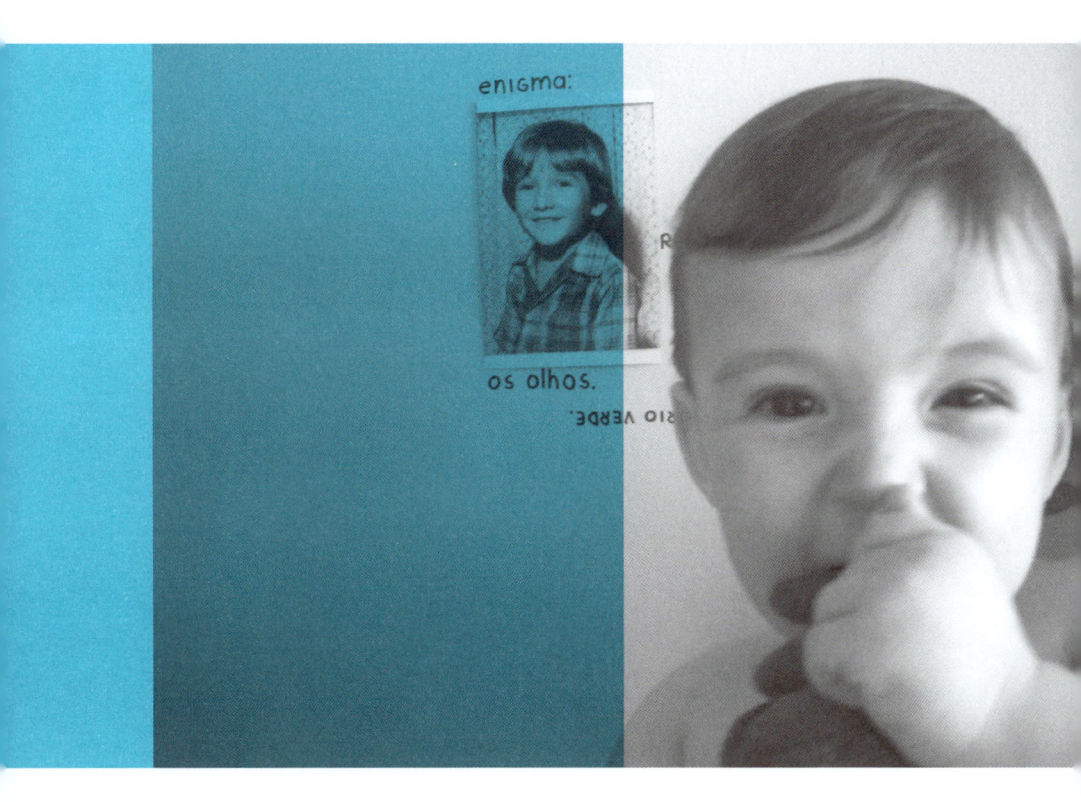

6 de junho de 2008

NEM SEMPRE

Nem sempre a saudade é querer que o tempo volte. Ontem vi uma mulher grávida atravessando a rua e reconheci nela um semblante que já tive. Lembrei o tempo em que você estava aqui dentro, filho. Andar por aí levando a felicidade na barriga. Hoje, eu e você somos dois. Gosto tanto. Não trocaria esse momento pelo anterior, como também não daria o que tenho para ter o seu pai de volta. A vida na sua medida. Aceitá-la é sábio: transformar a saudade em boa de sentir. Nem sempre a saudade é querer que o tempo volte.

DE: GUIFRAGA
DATA: 9 DE JANEIRO DE 2007 10H0MIN21S GMT-02:00
PARA: CRISTIANA GUERRA
ASSUNTO: AMOR

ei, linda.

quero que seu dia seja como o céu, lindo, quente, promissor, anunciador de bons ventos, de luz, de paz, de calor, de suor, de muito trabalho bom, com cheiro de novidade, com novidade e quente como meu coração por você.

um beijo, G

20 de junho de 2008

A PAREDE

Repare bem, filho. Aquele labrador que brinca feliz no meio do mato é imaginação do seu pai. Aquele céu azul por onde passeiam finas nuvens foi ele quem pintou. Desejou para você um mundo assim. Talvez pensasse um dia trazer de surpresa um cachorro preto com alma de moleque. Pra passear com a gente no jardim da casa que ele sonhava construir. Talvez não tenha tido tempo para pensar, só pra sentir. Aquele era mesmo o desenho sonhado para o quarto do filho? O tempo se encarregou de decidir. Se um ponto final com jeito de vírgula o tirou daqui para sempre, ficou o desenho no meu computador. Aquela era a parede. Ponto. Antes, eu quis para ela carneirinhos macios. Quis tantas coisas que assim não foram. Aquele era o seu mundo e estava pronto. Achei lindo. Acho que tive tempo de dizer isso pra ele. Diferente de um quarto de bebê. Forte e delicado como o pai do bebê. Hoje, é diante dessa parede que você brinca. Parede que é um céu. E eu sigo, sem parar para pensar se à minha frente está o que desenhei para mim. Não me lembro do desenho. Sigo achando bonito mesmo assim.

DE: GUIFRAGA
DATA: 6 DE SETEMBRO DE 2006 11H8MIN34S GMT-03:00
PARA: CRISTIANA GUERRA
ASSUNTO: RE: AMORZINHO

amor, abri a porteira, contei pra todo mundo aqui (maneira de dizer, mas falei pra quase todo mundo); unanimidade na explosão de alegria ao saberem, amor.

7 de julho de 2008

CAFUNÉ

Ele não gostava da palavra sedução. Para ele, ali estava contida uma intenção, um interesse, como se ele buscasse agradar aos outros para ser aceito. Bobagem. Seu pai era sedutor, filho. Não um sedutor. Mas a palavra é merecida e única. Seduzia, não para ser aceito, mas por já ser. E era detalhista a sua sedução — nunca exagerada ou grandiosa. Entre seus prazeres cultivava o de fazer os outros felizes em pequenos gestos e coisas simples.

Tinha um jeito moleque de fazer isso. Como se não percebesse, não calculasse. E não era mesmo cálculo, era bordado. Talvez fosse terapia tecer algum atalho que o fizesse chegar bem pertinho, mesmo quando estava longe. Um cafuné de dedos bem longos.

O tempo passou, a vida mudou e hoje encontrei dois desenhos-poema, colagens feitas por ele no computador, enviadas nos tempos em que a nossa distância era mais que física. Era seu pai tentando dizer para si mesmo o que o tempo se encarregou de mostrar: era difícil separar a gente. Só mesmo a vida. Ou nem mesmo ela, pois surgiu você.

Que outro laço para sempre?

A vida não só continua: recomeça. Em você e também em mim. Fresca, vento batendo no rosto, brisa trazendo sonhos novos. Ele desenhou, me mostrou isso. E o que mais nessa história eu poderia ler?

12 de julho de 2008

DECLARAÇÃO DE BENS

Não quero o vestido preto da viúva. Nunca o quis. Vesti, sim, um preto longo e bonito, tomara que caia, para irmos, nós dois, dar adeus a seu pai. E cantei foi um samba na hora da despedida. Sei que ele ficaria orgulhoso por isso — nossos pactos não se desfizeram com sua ida.

Você me sabe. O que vê de mim é a mãe, nascendo tão criança quanto você. Aprendo a andar, a falar, balbucio escolhas. Cresço de novo, descobrindo sobre mim aquilo a que assisto em você. Brincando, retomo caminhos e tento descobrir quem sou. Ou me faço de novo.

O passado é um lugar bonito para visitar de vez em quando. Não para morar. O tempo tem sua mágica. Não se vive uma vida de ontens.

Mas, de tempos em tempos, é bom olhar para trás e redescobrir do que somos feitos. Que tijolos são esses que nos sustentam. E chorar. Para sentir, reconhecer. Chorar para sorrir.

Outro dia encontrei uma música que, eu me lembro, seu pai mandou pra mim alguma vez. Não sei de quem é, não sei quem canta. Sei que é bonita. Sinto pelo que me suscita. E é ele que cresce em mim quando a ouço. A água brota dos meus olhos — e não é de tristeza.

Choro com o passado pleno. Choro com o futuro sonhado. Choro com o presente como é. O que tenho e o que perdi. O que perdi para me ganhar. Tenho tanto então. Tenho em primeiro o olhar para ver. Tenho o que me permite reconhecer.

Esse, sim, é o maior dos presentes. Tenho o que me permite estar de fato presente. Tenho tudo.

24 de julho de 2008

UM SEGUNDO

Quando você deita a sua cabecinha no meu ombro como se eu fosse a sua casa, reconheço a sensação. O abraço que você busca em mim, eu buscava no seu pai. Eu era você no ombro dele.

Acho que família é feita dessa alquimia, que junta duas pessoas de dois mundos diferentes para criar um terceiro. Eu e seu pai fizemos a dois esse lugar em que eu e você vivemos.

Antes de partir, ele plantou família em mim. Deixei de ser só, virei igual. Tão grande e tão pequena quanto qualquer um.

Estou melhor para seguir em frente. Levo tão mais comigo. Olho para a frente: sonhos me esperam. Pessoas, surpresas, conquistas, bênçãos.

Olho para a frente: você.

Não acordo nem vou dormir lamentando a falta do seu pai. Esbarro nela de vez em quando. Eu vivo, ele falta. Eu vivo, ele falta. Vejo isso em você.

Mas talvez para você não falte nada. Algumas vezes não o vejo em você, não dói, não me lembro. Em outras tantas, você me volta um olhar conhecido — novo por ser seu, mas, ainda assim, dele. Nessas horas, pontadas. Depois passa. Meus olhos para você são de futuro, filho.

Não sei o que é a morte ou o que existe por trás dela. Sei o que fica. Sei que a ordem das coisas foi abençoada. Sei que você já nasceu ganhando, sorrindo, descobrindo.

Mas ele perdeu, filho. Isso não muda. E foi por tão pouco. Um triz. Talvez um único segundo.

Um segundo, e o que era futuro virou passado, sem ter sido presente. Um segundo, e os planos se rearranjaram na pressa, a medida do sonho passou a ser a do possível. Um segundo, e a resposta era outra. O passado virou mentira, desapareceu, passou a ocupar o lugar do sonho.

Um segundo, e já não seríamos três. Eu e ele, você e eu. Viramos quatro, dois a dois. Hoje sou tão outra.

Mas se aquele dia tivesse tido apenas 23 horas, 59 minutos e 59 segundos. Não houvesse aquele tal segundo e talvez passássemos juntos cada fim de semana, ele a dirigir o carro, a carregar a bolsa de bebê, nós três a passear pelo supermercado exibindo suas travessuras e discutindo por causa da marca do molho de tomate. Não houvesse esse segundo e meus braços não doeriam tanto ao final de cada domingo. Eu descansaria para dar mais de mim a você, para que sua infância não corra de mim.

Por um segundo, não foi o seu pai: foi o sonho que morreu para ele. Conhecer você, ver seu rosto, pegar você no colo e exibir: "meu filho". Um sonho tão certo. Coisas lindas que a mim não foram negadas.

Mas outras foram. Um segundo, e o que não era papel sumiu no ar. Assinaturas ficaram maiores que uma história, vida, morte, nascimento. Um segundo, e o que vivemos ou sentimos precisou de provas. Desapareceu. Um nome, um futuro, família, respeito. Um segundo, e a vida é só um processo, um título, uma relação biológica. Um segundo e bens. Sem desejo ou afeto.

Um segundo, e somos só nós dois. E um mundo.

Diante do que fluía como um creme, a vida endureceu. Não ficou triste, trágica, dramática. Tornou-se difícil. Como tantos outros, como todos, estou diante da complexidade.

Mas não a admito. Quero, corro, rio, penso, crio para que pareça fácil. Não é possível, no meu momento mais bonito não cabe o difícil, só cabe o que flui. Como creme, dança, como cena em slow motion. Um segundo, muitos e muitos outros. A vida deu voltas à minha volta e não sossegou enquanto não comecei a escrever. Um segundo, e estou eu aqui a falar. Com você e com o mundo.

13 de agosto de 2008

O DESEJO

Ele gostava de passear com seus dedos sabidos a procurar coisas pelo mundo sem sair do lugar. E me mostrava orgulhoso algumas de suas descobertas. Meu coração já batia por ele quando ele me mostrou o desenho. Secretamente, desejei para mim. Desejei em mim. Mas a ideia dele era tatuar em si mesmo. Respeitei. Talvez eu tenha exagerado no desejo. O fato é que o tempo passou e ele não fez a tatuagem. Como se não fosse dele o desenho. Encontrou o que a mim já pertencia. Não lembro mais como foi que ele resolveu me presentear com o traço, se fui eu quem o seduziu a fim disso. Lembro que não foi difícil. Se naquele tempo ele parecia querer se afastar de mim, não o fazia com muita convicção. Seu pai e tio Dani pensaram juntos, e o desenho ganhou uma espécie de sombra, de outra cor. Como um coração saindo de si mesmo, saindo do corpo. Um coração com alma. E foram comigo fazer a tatuagem. Eu já tinha feito tantas. Mas naquela, vez por outra, havia o braço dele, carinhoso, a tocar o meu. Havia o seu olhar de zelo a pousar sobre mim. Eu queria o coração dele tatuado em mim. Queria muito.

....

15 de agosto de 2008

O IMPOSSÍVEL

Eu gosto de gostar mais de hoje que de ontem. Gosto de me sentir melhor a cada dia, olhar foto e me preferir atualmente. Por isso era tão difícil acordar nos dias após a morte do seu pai. Ao longo do tempo, reaprendi essa preferência. Gosto de novo do andar da vida como ela é. Mas ontem de manhã, por um instante, eu e você dançamos de pijama pela sala. Você no meu colo, o Jack Johnson no som, e seu pai tomando de assalto o meu coração. Enquanto eu chorava, você dizia "Mamã!", a cabecinha feliz aconchegada no meu peito. Sim, de vez em quando vem o choro a me surpreender mais uma vez. Muito de vez em quando, mas ainda acontece. É que me lembrei do meu aniversário de dois anos atrás, naquela mesma sala. A notícia da gravidez ainda fresca e a felicidade estampada nos gestos de cada um. Ninguém precisava se preocupar com o que trazer, pois já havia o presente a comemorar. Lembrando desse dia, cometi o pecado de desejar, não que o tempo voltasse, mas que o seu pai estivesse aqui agora. Só mais uma vez. Para comemorar meus 38 anos comigo e com você. Que viesse somar a presença dele ao que já é tão bom. Foi um pecado rápido. Doído e chorado, pois era preciso.

Isso foi ontem. Hoje é outro dia. Eu pensava ser impossível, mas tenho agora a idade do seu pai. E é acreditando no impossível que quero comemorar. Acreditando em cada sonho exagerado que já sonhei. Por que não?

....

29 de agosto de 2008

BETTER TOGETHER

Hoje acordei depois de uma semana cansativa e como sempre me pus a andar descalça pela casa. Você saiu pra passear, eu tomei o meu café e fui ouvir o Jack Johnson que dançamos ontem à noite pra você dormir. Enquanto eu arrastava sofás e poltronas tentando recolher as bolinhas da piscina que improvisamos, a música me falava sobre você hoje, sobre o seu pai ontem, sobre essa minha história que não para. Tudo isso que é uma vida só. Desprezando o cansaço, o movimento do meu corpo era disposto e livre. Eu cantava de alegria e saudade, uma saudade ensolarada. Sempre a falta dele. Mas senti um sorriso no corpo e pensei sobre as manhãs. Não por acaso a vida é assim. Acordar e acreditar que tudo vai ser novo e melhor, sentir que já está sendo bom, não importa se exatamente do jeito que a gente sonhou.

Você, filho, é a minha manhã fresca de sol.

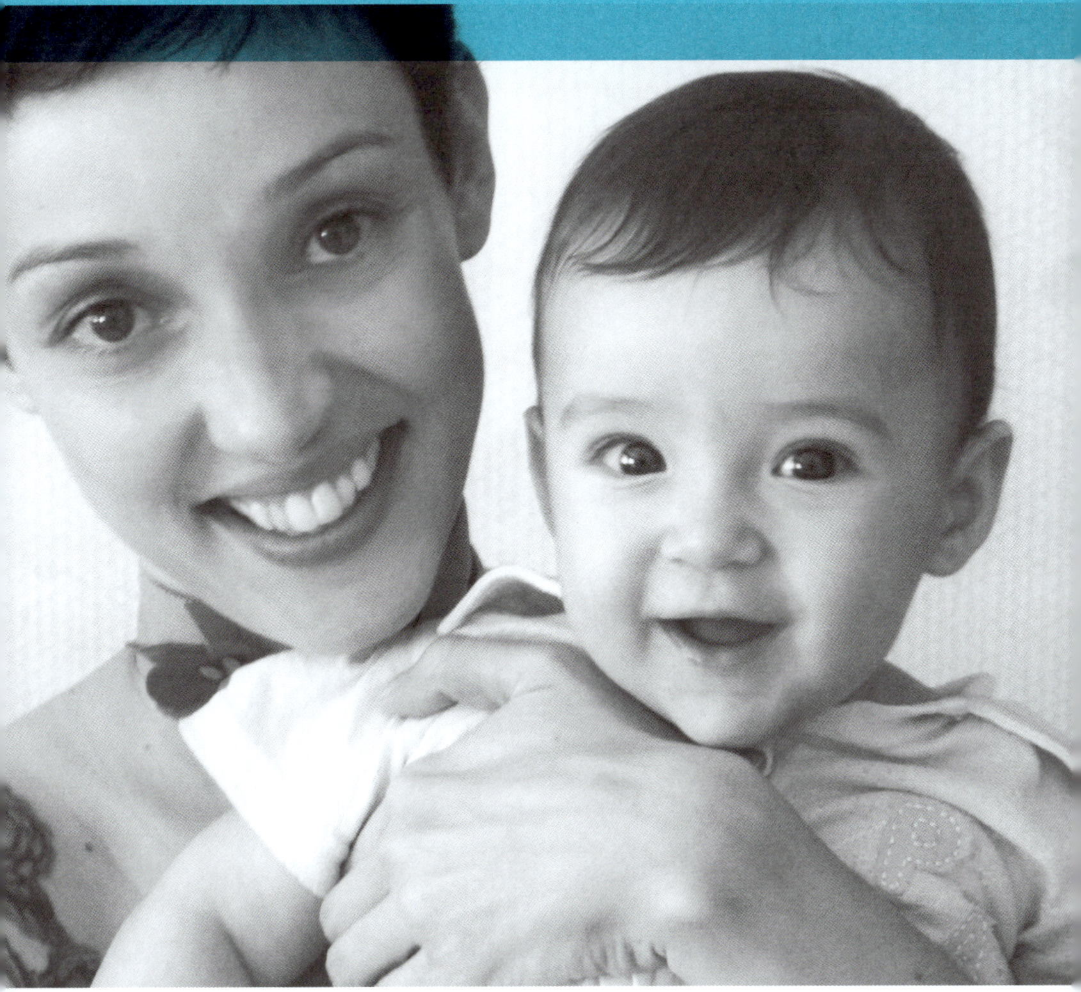

FROM: CRISTIANA GUERRA
DATE: WED, 6 SEP 2006 09:58:34 -0200
TO: GUIFRAGA
SUBJECT: AMORZINHO.

Bom dia, amorzinho.

Hoje acordei bem, tinha dormido profundamente a noite toda (nem acordei pra tomar água) e saí cedinho pro Reiki. No caminho, Marisa Monte cantando um samba no carro, senti uma felicidade tão profunda.

O dia tava lindo, eu tava tão feliz e alegre, e essa sensação se misturava com uma vontade de chorar. Pensei na minha vida, nas pessoas com quem convivo, nas pessoas que já se foram, no quanto a vida é linda e boa. Não me falta nada, amor.

Tenho saúde, amigos, um bebê lindo na barriga, filho do homem que eu amo. E tenho você ao meu lado.

Só tenho a agradecer por ter essa vida linda e por amar você.

Um beijo bom.

Cris.

27 de junho de 2008

PARA GUILHERME

Lembra, amor?

De quando um susto colocou um filho em nossas vidas? Lembra de um tempo separados que viria nos juntar para sempre? Lembra de nós dois indo dormir uma vida nova e desconhecida? Do meu medo de perder o bebê, que quase proibiu sua alegria nos primeiros três meses. Lembra da minha festa de 36 anos, em que eu dançava sem me balançar? Do meu andar diferente, do meu sentar cuidadoso, nada de bebida, cigarro, café e o fim da minha longa carreira de 15 dias no squash. Lembra da cerveja gelada que eu insistia em recusar, embora você oferecesse, charmoso, com sua velha amizade ao proibido?

Lembra, amor?

Dos seus olhos cheios de água ao olhar para a minha barriga. Do seu encantamento e orgulho por ter me "emprenhado". Lembra da alegria dos amigos crescendo junto com a barriga? Dos 80 anos do tio Zezé, em que você fez questão de levar flores lindas e precisou se esconder atrás delas quando anunciei a gravidez ao microfone. Lembra de uma família enorme e inteira recebendo você como meu? De uma madrugada de palavras insensatas com meus irmãos e cunhados, numa bebedeira que mais parecia a nossa festa de casamento.

Lembra da alegria? Que era nossa e era de cada um?

Lembra da barriga crescendo, embora eu insistisse em acreditar que não chegaria lá? Do quanto eu me sentia bonita. De como eu brilhava.

Lembro de seis meses quase perfeitos — e o quase é enfeite escolhido para quebrar a monotonia.

Sim, agora me lembro. Pareço estar entrando na casa enorme, onde um dia morei, e ir acendendo as luzes uma a uma, como num efeito dominó.

Lembro de muitos meses antes. Da nossa primeira noite juntos e do seu olhar admirado: "Linda". Da poesia nos seus olhos, da temperatura dos seus braços e de como eu cabia neles. De suas pernas me pedindo em casamento.

Lembro agora como há muito queria. As luzes vão se acendendo, e a casa ainda é tão bonita.

Em tão pouco tempo, tanto. E o que é tão ou tanto ou tão pouco diante do que sentimos. Da luta para entender e lidar com a presença e a falta que ainda não se sabiam.

Depois da sua ida, eu me vi vasculhando em busca de palavras suas. Eu, palavra, materialista, sempre a procurar e produzir provas. E eram poucas as suas palavras. E tão latente a sua falta.

Sua vida, intensa e suave, não foi de muitos rastros. Foi de sutis transformações. Sua estada lapidou muitas outras nesses curtos eternos 38 anos. Tudo voltou ao seu lugar sem que as coisas tenham permanecido as mesmas.

Lembro de você a lutar consigo, como se quisesse ir. Mas ficando sempre. Lembro da sua falta de você mesmo, de quase um pedido para, enfim, pertencer. Lembra da minha luta insistente para que o amor ficasse?

Lutamos. Brigamos. Fomos. Voltamos, sem na verdade ter ido.

Sempre estivemos. Aprendemos — e isso você me ensinou ainda aprendiz — que a amizade é a forma mais pura do amor. Nela permanecemos. Exercitei com você a minha delicadeza, e isso ficou impresso em mim.

Quando vi você despertando para seus sonhos, descobri que eu não sabia quais eram os meus. Isso me deixou pensativa. Com você aprendi que era grande a minha capacidade de amar. E que tanto mais seria amada quanto mais eu aprendesse a amar meus próprios desejos.

Tateamos até encontrar o encontro. Era ele. Da confusão, fusão. Veio o nosso filho com sua força de vir, para nos ensinar a ficar. Sorrimos. E o sorriso foi fácil. Verdade.

Felicidade plena, dessas que trazem o medo de haver ali algo errado, que é como o bicho-homem lida com o que ele pensa ser um não merecimento.

Foi rápido? Foi grande. Construímos concha do mar. Como o presente dado por Marília ao se despedir de nós em Ilha Grande, que vim tentando proteger durante toda a viagem. Concha do mar, perfeita e frágil.

O 16 foi um dia difícil, agora vejo. Mas amoroso como vinham sendo. A essa altura, não havia mais o medo de perder. Não naquele dia. Eu estava distraída.

Mas veio o 17. Noites seguidas acreditei que não teria forças para acordar no dia seguinte. Não sei dizer o quanto significaram as mãos de Telida, Dani, Mirna, Deborah, Elisa e tantos outros nomes de mãos, dormindo colados a nós, eu e Francisco. Mãos amigas, tentando em vão me distrair da falta das suas. Será que eu teria sido capaz? Será que também está em mim a alegria de abrir meus braços para essa atitude de amor? Amizade é esse abrir de braços. Entendi.

Ainda assim, muitas vezes, preferi ficar só. Francisco ainda na minha barriga. Eu precisava me acostumar ao som da sua ausência. É preciso que o sol se ponha para apreciar a lua. Assim a vida nos coloca diante de caminhos a descobrir ou a inventar. E esse passa a ser o sentido. Por tanto tempo você vinha ensinando o que consigo mesmo tentava aprender: olhar para os lados para não se perder num único ponto. Você foi tirado de cena, tive que encontrar outros sentidos. A vida foi generosa. Deixou o maior de todos.

Você tinha razão. Um filho traz mesmo aquela sensação de saltar de paraquedas e perceber que, na hora H, não há chance de lembrar uma sequer das lições do curso preparatório. A emoção esconde o raciocínio. Eu contava com você ao meu lado durante o salto. Quando olhei para cima, não o vi mais. A vida segue rápida e emocionante, o perigo é enorme, mas a paisagem compensa. Meus pulmões estão cheios de ar puro, no meu corpo corre adrenalina. Fizemos juntos nossa mais bonita aventura. Sonhar com ela foi uma aventura à parte. Diante da intensidade do que vivemos, o tempo perdeu sua importância. O significado dá outra dimensão às datas, e longas histórias já passadas simplesmente acabam por ser esquecidas. Hoje, nossas cenas reaparecem em flashes. Fica a essência, mais que a lembrança. Sinto o perfume.

Buscamos. Sempre juntos, sempre separados. Amamos e nos amamos, numa troca também de mim para mim, de você para si mesmo. Isso foi tão bonito. E à interseção demos o nome de Francisco.

Você não teve tempo de olhar para o rostinho dele. Mas já deve ter se olhado muito no espelho. É mais ou menos a mesma coisa.

Ele tem pezinhos perfeitos que você adoraria morder. Tem o seu charme e o seu humor refinado. É doce. É bravo também. Tem personalidade, sabe o que quer. Já veio ao mundo para não lhe botarem cabresto. Saiu aos seus.

Francisco é desafio para mim. Inteligente, esperto, sabe dar a risada na hora certa e me desarmar. Já conhece o barulho do motor do meu carro entrando na garagem do prédio e repete "Mamã" com uma fonética que eu nunca quero ver mudar.

Tento criá-lo para o mundo, solto de mim. Tento ser presença, carinho e segurança para que ele aprenda a ser também. Tento muitas outras escolhas e me perco nos caminhos. Queria você ao meu lado para se perder junto comigo.

Não sinto sua falta na troca de fraldas, em uma ou outra noite em claro ou na hora de vigiar para que ele não tome muitos tombos. Sinto sua falta para partilhar a alegria. Ter um filho é bonito demais para viver sozinha. O que faço com a parte que lhe cabia?

Entendo agora que a substância do amor é generosa. Sofro pelo que você não teve e fico em paz ao saber o que viveu. O que foi bom, o que lhe foi carinhoso. Sua ida foi suave. Piscar de olhos, presente para poucos. Para mim, violência. Mas, por amar você, me alegro ao perceber que não houve velhice, nem dor, nem solidão. E ainda tivemos sorte de não haver despedida. Não teríamos conseguido.

A saudade é grande, mas não é maior que a vontade de haver o seu sorriso por mais tempo. Poder enxergar em você outros sorrisos que o nosso amor foi capaz de criar. O riso fácil do Francisco ficaria lindo fazendo coro com o seu. Queria, sim, risadas com eco. E, então, a minha gargalhada, que já não é tímida, ocuparia meio mundo.

Queria isso e muitas outras coisas. Mas não vim ao mundo para conjugar o futuro do pretérito. Quero outras. Quero mais.

Se a mim me resta ser mãe e, também, um pouco pai, vivo em dobro essa alegria. E acho bonito, nos caminhos tortos dessa história, ter havido essa herança para mim.

Sim, a vida é curta. Sim, a vida pode ser longa. Talvez more aí um aviso. Tenho medo de um tempo longamente ruim. E penso que o seu foi bom até o fim.

Eu me lembro do desespero ao descobrir que, ao contrário de você, a minha paixão não tinha morrido. Em que outro objeto colocar o que eu sentia? E o tempo foi me ensinando que o amor é reciclável, não se joga fora. Mesmo porque é de amor que o mundo precisa. Transformei meu amor em paixão por escrever, amor pelos amigos e pela sua família, amor pelo Cisco. É assim que eu quero seguir a vida: a cada amor novo, mais amor. Que se cria, sim, mas nunca se perde. E, principalmente: se transforma sempre.

Teríamos continuado juntos por muito tempo? O amor não dá garantias. A vida não pode ser controlada. Existe algo de bonito nisso.

Seu pai e sua mãe abriram as portas para mim. Amam Francisco sorridentes. Cuidam de mim, cuido deles. Seu amor está por aqui. Através deles, não paro de descobrir e amar você. Na presença deles, você continua a me amar.

Lembro sempre: dos seus olhos marejados diante de simples sopros de humanidade — uma música clássica, uma conversa afetuosa com alguém querido, flores. E me recordo de voltar à vida.

Você deixou suas férias para quando Francisco nascesse. Por um tempo, isso me doeu muito. Uso esse fato para não adiar nenhum desejo.

Como não adiamos os nossos. Até o desejo de não repetir erros. Não nos casamos, não planejamos um filho, não moramos juntos. Assim fomos felizes.

Francisco é o filho de que eu não me julgava capaz. Obrigada por ele. Obrigada por nós. Obrigada pelos seus sins e, principalmente, pelos nãos. É duro dizer não. É preciso amar muito para dizê-lo.

Obrigada por passar comigo o resto da sua vida.

A minha começou de novo com a vinda de Francisco. Nosso amor ainda tem muito o que crescer.

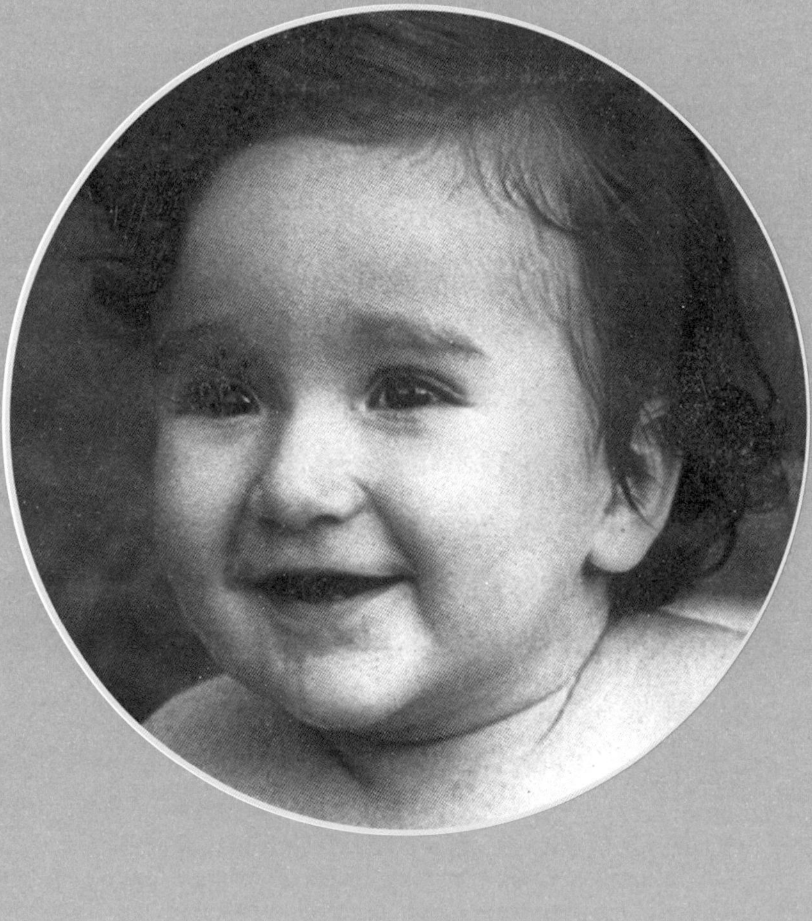

173

8 de agosto de 2008

PEQUENOS MILAGRES

É tão bonito que ele ainda me sorria pelas manhãs
que cresça diante de mim
a aprender e me descobrir

Privilégio cuidar dele de novo
misturado a mim
dar a ele as mãos e ver crescer
o que sou eu, o que é ele, o que somos você

Milagre que ele se perpetue em mim

Que ainda me surpreenda e se revele
em cada passo ou palavra
exibindo também algo de mim

Perfeito que nele eu faça cosquinhas
e comigo ele brinque de esconde-esconde
renove meus dias, me remoce a vida
e me mantenha apaixonada.

10 de agosto de 2008

SEMÂNTICA

Ele não gostava da palavra sedução. Para ele, ali estava contida uma intenção, um interesse, como se ele buscasse agradar os outros para ser aceito. Bobagem. Seu pai era sedutor, filho. Não um sedutor. Mas a palavra é merecida e única. Seduzia, não para ser aceito, mas por já ser. E era detalhista a sua sedução — nunca exagerada ou grandiosa. Difícil não se sentir por ele seduzido. Uma pessoa-amor, que entre seus prazeres cultivava o de fazer os outros felizes em pequenos gestos e coisas simples.

....

14 de agosto de 2008

PATRIMÔNIO

Na casa da Juju, eu era rica. Lá eu tomava suco de tomate temperado e comia enormes azeitonas azapa para abrir o apetite. Na hora do almoço, tomava de um gole só o delicioso suco natural de mexerica — mas antes eu tinha que comer tudo, enquanto as lágrimas desciam pelo rosto, sob os olhares militares de Vicenza, empregada-egípcia-casada-com-seu-antônio-italiano-que-fugiu-pra-cá. Tinha também a bacalhoada com pedaços gordos do próprio bacalhau, sem precisar pescar entre uma batata e outra. Nham, nham, nham, que bom mastigar o bacalhau todo e bom. No Natal, Vovó nos dava de presente notas novinhas do dinheiro da época. Eu era rica contando as muitas notas que para mim eram muitos dinheiros. Na casa da outra avó eu era invisível — neta mais nova de 14. Só ouvia um ou outro primo ou tia ou tio ou mãe ou pai ou mesmo a própria avó a me mandar para um lado ou outro, pra buscar não sei o quê. Hoje, a neta estampada não passa despercebida. Na casa dessa vó tinha um armário com um cheiro de antigo e doce que dá saudade. Era lá que moravam balas, chocolates e outras riquezas insuspeitas. De novo eu era rica e não sabia. Depois chegar em casa e encontrar uma geladeira onde tudo de especial era do meu pai. Eu tinha que respeitar alguém que detinha um território tão grande. Você não passaria por isso, filho. Seu pai iria cozinhar e preparar as coisas mais gostosas como assim faz a sua avó. Talvez passasse a ser você o rei da geladeira. Alegria saber que tive tempo de descobrir meu pai e ver que o rei não mordia. Você vai crescer amigo do seu. Esse de quem a cada dia tento trazer um pedacinho.

22 de agosto de 2008

A DO MEIO

Eu me lembro que meu pai carregava na carteira uma foto em preto e branco. Ela ainda bebê, rostinho colado no rosto da minha mãe. Em comum, a doçura das duas. Com o tempo vimos crescer com ela a doçura e muito mais da minha mãe.

Quando éramos pequenas, antes de dormir havia um ritual. Ela se deitava ao meu lado na cama e uma de nós fazia cócegas nas costas da outra. Um dia eu, outro dia ela. A medida era contar até cem. Guardo essa cena comigo e dela não me desfaço.

Dois irmãos mais velhos, duas irmãs mais novas: coube à sua tia o desafio de ser a filha do meio. Aquela que fazia do sorriso o caminho entre um lado e outro da família. Vivia tão perto da minha mãe e tinha um truque secreto que a fazia também próxima do pai. E eles não viviam exatamente no mesmo lugar.

Ao longo do caminho, vivemos histórias diferentes. Por conta do segundo casamento do meu pai, eles se perderam um do outro. Minha madrasta não teve habilidade para lidar com aquele laço. A foto na carteira virou lembrança.

Comigo o caminho foi contrário: o tempo me trouxe o pai de presente. Ela nasceu em São Paulo, eu em Belo Horizonte. Ela a irmã do meio, eu a caçula. Ela se casou aos 22, eu aos 31 — e me separei aos 34, achei outra pessoa e fiquei viúva aos 36. Só depois disso tudo é que virei mãe. Ela tem três filhas e a mais velha já é mais encorpada que a tia. Ela teve poucos namorados. Eu não paro de ter os meus.

Eram muito mais que cinco anos a nos separar.

O tempo passou e nos fez perder muitas coisas pelo caminho. Diferenças também se foram. Éramos de gerações distintas. Não somos mais. A vida nos deu uma para a outra. E descobrimos tanto em comum.

Com seu olhar sereno, sua tia estava bem ao meu lado no dia em que você nasceu. Veio um pouco sua avó, um pouco seu pai. Trouxe muito de si mesma.

Essa semana ela me fez uma visita. Ligou, tinha saudade, veio à nossa casa antes do trabalho. Num vaivém dentro do quarto, fizemos das novidades um resumo rápido entre um vestido e outro. Para nós, as coisas nunca foram tão fáceis. Acho que isso sempre tivemos em comum.

Na despedida, um abraço comprido. Maior e mais longo que de costume. Intenso, forte, sem dizer nada. Não era mesmo preciso. Viemos do mesmo lugar. Sabemos uma da outra. Das dores e dos sorrisos.

Com cada irmão, uma história de amor. A nossa é assim.

....

29 de agosto de 2008

DOCUMENTOS IMPORTANTES

Uma certidão de casamento com carimbo de averbação de separação, uma certidão de óbito e uma de nascimento sem o nome do pai. É assim que o cartório vê a minha vida.

2 de setembro de 2008

HERANÇAS

Do meu pai:
a boca
as pernas tortas
o gosto pela rotina
gostar de cafuné
escrever
saber rir de si mesmo
um pulôver mostarda de gola alta que uma vez quis dar para o seu pai mas ele não gostou

Da minha mãe:
os joelhos
caninos salientes
olhos grandes
a mania de falar andando
o barulho da risada
cabelos brancos
a paixão por biscoito Leque da Confeitaria Colombo
gordura localizada na barriga
certa ingenuidade

Dos dois:
pernas finas
varizes
o nariz atrevido

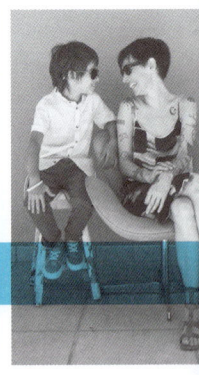

Da mãe do meu pai:
a audácia
a independência
o humor
o amor pelos animais
inteligência e curiosidade
a braveza
obsessão pelo vestir
o senso crítico
um anel de ouro que foi presente do meu avô
uma pulseira de coco e ouro com uma figa
a elegância
risos
doçura
vitalidade
não ter medo do ridículo
as longas despedidas

Da mãe da minha mãe:
uma sina que eu não quis levar comigo

Do seu pai:
delicadeza
amor pelos amigos
amor dos amigos
a família
você

Não sei de quem:
sobrancelhas a km de distância dos olhos
tatuagens
e esse otimismo que insiste

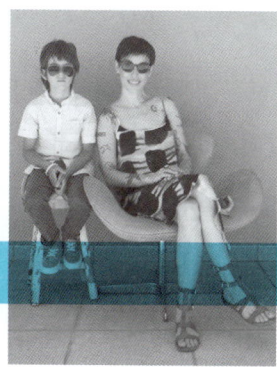

4 de setembro de 2008

IMAGINE

Tantas coisas mudam dia a dia e outras insistem em permanecer. Faz tempo que o vizinho de cima trocou de namorada, mas as brigas continuam. Alguma coisa mudou: agora ele grita mais alto, e palavras ainda mais duras — talvez só pelo gosto de chorar feito criança e então ganhar colo. No tempo do seu pai as discussões eram mais amenas. Ainda assim incomodavam. Nossa reação era bem-humorada: colocávamos no som o John Lennon cantando "Imagine" e abríamos a janela para que a música chegasse ao andar de cima. Nunca soubemos se deu certo com eles. Cá embaixo, era mais um motivo pra curtir a nossa paz.

A vida, filho, não é o que nos acontece. É o que a gente faz com o que nos acontece. Tantos passos nesse ano e meio sem seu pai e tanto mais nesses 38 anos. Não dá pra dizer que sou a mesma. Como você é tão mais você depois de um ano e cinco meses. Somos muitos o tempo todo. A cada novo dia, outros. E em nossos anos pode caber muito mais vida. Seu pai não tinha só 38 anos, filho. Ele já sabia o caminho de ser criança. E ainda teve a delicadeza de deixar você pra me ensinar.

....

6 de setembro de 2008

PARA VOCÊ, FRANCISCO

Para você, não existe nada mais importante que as flores. Já faz um tempo que você descobriu a primeira e desde então nunca mais parou de falar sobre isso. Uma flor desvia a sua atenção, interrompe qualquer choro e coloca um sorriso doce no seu rosto. Plantas bem verdinhas também são flores para você, por mais que eu insista em explicar que não é bem assim. Você também travou grande amizade com o alecrim que temos plantado na nossa microvarandinha. Toda hora você vai lá dar uma fungada pra sentir o cheirinho dele. Quando saímos de carro, o que faz brilhar seus olhinhos são as árvores frondosas, para as quais você olha e diz: *"A fôr!"*. Antes não havia o R no final, era só *"fô"*. Foi há poucas semanas que você o aprendeu e pronuncia com capricho. Eu nunca tive essa ligação com as plantas. Sua bisavó Juju era íntima delas. Antes de você vir, filho, tive expectativas e curiosidades. Mas nunca teria sonhado com uma doçura assim. Que isso não seja um tola ingenuidade, mas vai ser bom ver você crescer com olhos mais atentos às flores que aos espinhos.

....

14 de setembro de 2008

ATÉ O FIM

Foi seu pai quem me apresentou Madeleine Peyroux. Um dia cheguei à agência e encontrei na minha mesa uma cópia do primeiro CD dela. Natural ele ter se apaixonado: aquele som traduzia como poucos o seu jeito de amar e viver.

Mas, diferente do Jack Johnson, a voz dela me soava intensa demais. Talvez porque o disco tenha entrado na minha vida naquele período em que eu e seu pai não estávamos juntos nem separados. Encontrar a gravação na minha mesa falava do amor dele, mas outras atitudes diziam o contrário.

Era uma noite namorando ao som de *"J'ai Deux Amours"* e no dia seguinte um silêncio triste a nos convencer de que ainda não era a hora de ficar juntos. Madeleine parecia cantar por mim a urgência de estar com seu pai, como se eu soubesse mesmo que algo estava prestes a acontecer. A voz dela chegava aos meus ouvidos carregada de uma angústia que me tirava o ar.

Agora, que já não há mais o medo de perder seu pai, faço o exercício contrário de tentar despir as músicas daquele significado. Porque, como Jack Johnson, Madeleine Peyroux merece ser ouvida.

Mas foi há poucos dias, ouvindo *"Dance me to the End of Love"*, que eu finalmente notei um verso da letra: *"Dance me to the children who are asking to be born"*.

É verdade. Foi mesmo por você, Francisco. Dançamos jazz, rock, samba, bossa nova. Separados, juntos, olho no olho, de rosto colado no meio da sala ou sozinhos, sentindo a falta um do outro. Dançamos e dançamos esse amor intenso que queria você.

Faz sentido tudo ter começado numa pista de dança. Cabe a nós dois, filho, continuar essa coreografia.

....

18 de setembro de 2008

VOCÊ, HOJE

Acordou, sorriu pra mim, veio para o meu colo, olhou para a foto acima do trocador e disse com gosto: *"Papai"*. Há alguns dias aprendeu e vem repetindo esse som fácil. *"Papai, papi, paaaaaaai"*. Diga sim, filho. Diga que essa palavra é bonita demais. Fale à vontade, que a nossa conversa apenas começou.

....

21 de setembro de 2008

MUNDOS

Já temos um código, eu e você. Coloco um CD pra tocar e você imediatamente pula no meu colo como se aquele fosse um convite pra dançar. Nem sempre é, mas eu nunca resisto. Não importa o que eu tenha pra fazer, acabo me entregando. Já imagino a cena: você no meu colo, aos 12 anos, minha coluna doendo e o coração feliz da vida.

Não é tão fácil construir afinidades com alguém, filho. Existe um caminho, uma conquista. Eu e você soubemos criar o nosso mundo. Temos coisas que gostamos de fazer juntos. Momentos em que não precisamos dizer nada um para o outro e o mundo acontece. Você também tem os seus com a Vovó, com o Vovô, com a Zezé — e é feliz assim.

Eu pensava que seria diferente. Mas não me vejo querendo tomar para mim suas horas mais importantes e felizes. O primeiro dentinho, o primeiro passo, a primeira palavra. Sabe-se lá quais foram os seus primeiros. Para mim, não importa. Se algo faz você feliz, me faz também e pronto. Não quero medalhas em mim, mas sorrisos em você. Mesmo que eu não os veja o tempo todo.

Também construo mundos com outras pessoas. E é bom que seja assim. Tenho com Elisa um mundo de imagens cotidianas. Com o Dani, um mundo de segredos e passos. Com a Telida, humor e silêncios. Com cada um que me cerca construo um ou vários pequenos mundos onde não vemos o tempo passar — e então a vida parece fazer sentido.

Com o seu pai eram muitos. Fique atento, filho: quando acontece de encontrar a cada dia mais mundos com alguém, costuma ser amor. O som ligado e nós dois a passear pela sala, você com a cabeça entregue ao meu peito, os olhos livres e o meu pensamento dançando também. Esse é o nosso mundo.

....

23 de setembro de 2008

MAMÃE VAI TRABALHAR

Aceno dizendo "eu te amo" e você me devolve um sorriso cheio, apertando os olhinhos para se proteger do sol. Todos os dias, esse seu olhar do seu pai. Que outro final feliz essa história poderia ter?

....

28 de setembro de 2008

VALORES

De vez em quando ele fazia o carinho de colocar duas notas de cinquenta no meu bolso, aliviando o meu fim de mês, mesmo que no próprio bolso sobrasse apenas uma. E ao ver minha expressão entre o alívio e a tristeza de chegar a esse ponto — não por ganhar pouco, mas por gastar muito —, citava a avó: *"Senão o cachorro faz xixi no seu pé, amor"*. E assim ele me arrancava um sorriso. Também pude fazer por ele algumas vezes, e o fazia com prazer. No dinheiro também estava o amor. Um jeito bonito de misturar as coisas, preservando os desejos e escolhas do outro. Não era hoje eu, amanhã você, mas o correr natural dos gestos e a alegria de dar o amor na forma em que ele viesse: fosse em nota de dinheiro, beijo, telefonema ou pedaço de pão. Nunca, nunca vi seu pai me recriminar por alguma compra. Ao contrário, eu ia correndo mostrar cada peça especial que eu havia encontrado e ele me devolvia um elogio pelo bom gosto, um sorriso de me ver bonita porque aquela também era a minha forma de amor. Amor que não estava no quanto cada um ganhava ou no dividir ou não a conta. Nem na conta conjunta que nunca tivemos. Amor de estar ali ao lado sempre, num desejo só, e aí se incluem os desejos que são de cada um. Quase sempre dava pra viajar pra pertinho, pegar um cinema, tomar um vinho ou fazer um jantar simples, não importa de que lado ou dois ou quanto viesse o dinheiro. E se não houvesse nenhum dinheiro, juntos estávamos em uma de nossas casas. De geladeira vazia e sorriso cheio. Acho que fiquei mais generosa convivendo com ele. Sinto que você vai ser assim também. E vai poder dizer: "Aprendi com meu pai".

....

6 de outubro de 2008

DO COMEÇO

Eu me lembro de ter pensado nisso naquele dia. Que ele nem tinha chegado aos 40. Para mim ele era tão homem, no sentido mais amplo da palavra, que é como se tivesse mais que isso. Houve um tempo em que ele adotou uma brincadeira para parecer mais novo. Se alguém perguntava a sua idade, ele dizia "Quarenta e três", para que a pessoa dissesse que ele não aparentava tanto — e assim ele ria de si mesmo, se sentindo mais jovem.

Naquele dia, demorei algum tempo para me lembrar que ele tinha apenas 38 anos. Achei absurdo. Como se tudo em volta já não fosse. Quase dois anos se passaram — e cabe muita coisa em dois anos. Mas ele não passa. E, por ter deixado você, está a cada dia maior. Já me acostumei a ver seu pai crescendo outro na minha frente, a reconhecê-lo em seus trejeitos, como também a frequentar a casa em que ele se criou, a conviver entre os seus. E, no meio de todos esses sentimentos que aprendi, houve caminho para aprender novas pessoas, sorrir outros sorrisos e agradecer por tudo o que tive e tenho.

Há meses já não lamento sua ausência e nem vivo sentindo pontadas de saudade. Mas hoje ele faria 40 anos e disso não posso me esquecer.

Não devolvo meus últimos 20 meses de vida, não os quero outra vez ou de outra forma. Mas eu vivi esses últimos 20 meses cheios de você. Ele não. E isso vai doer sempre, filho.

....

12 de outubro de 2008

SUSPEITA

Desconfio que envelheci. E talvez envelhecer seja saber escolher. Algumas coisas não topo mais. Como sair de uma festa escura e esfumaçada me sentindo estranha por não ter ficado até alta madrugada. Não preciso provar mais nada pra ninguém. Nem pra mim mesma. Saudade, filho. De gostar de ficar quieta. Saudade da temperatura do amor. De paz, calmaria e preguiça. E uma vontade de acreditar que existe alguém assim, como eu, em busca de alguém assim, como eu. Talvez pensando agora sobre a mesma falta. Então vou fazer um desejo bom pra esse alguém e vou dormir o sono dos justos. Para amanhã acordar feliz, embora exausta, diante do seu sorriso inquieto e guloso.

....

14 de outubro de 2008

DE SOL A SOL

Era um dia de sol e eu decidi ir de amarelo. Como eu vinha fazendo nos últimos meses, fiz minha foto ainda de manhã, usando o tripé que ele havia colocado num ponto da sala, e que morou meses por lá. O fundo era a parede com as fotos dos meus pais. A cara era de sono, sim, mas isso não tinha importância. A barriga é que contava. Você crescendo era milagre que precisava ser registrado e disso cuidamos com entusiasmo. Algumas vezes ele estava por perto, outras não. Algumas vezes eu estava indo pra hidroginástica e tirava a foto de biquíni. Noutras, eu só me lembrava da foto no fim do dia, antes de dormir. Por várias vezes a câmera, com que eu ainda não tinha tanta intimidade, tirava muitas fotos seguidas, registrando movimentos, suspiros, caras e bocas. Foi assim quando resolvemos experimentar as roupas de banho que compramos antes das férias na praia. Ficou o registro daquele humor, daquela alegria. E assim se seguiram fotos quase diárias. Naquele dia, não falhei. Outras coisas é que me faltaram. Não foi um dia como todos os outros.

Ainda assim, acordei no dia seguinte e me fotografei novamente. Eu tinha motivos para olhar para a frente, filho. Você continuava crescendo em mim. Hoje realizei um desejo nosso, meu e do seu pai. O vídeo nasceu pelas mãos do meu amigo Zé. Você crescendo a olhos vistos, antes mesmo de chegar. Ele acompanhou a maior parte, filho. E os olhos dele brilhavam.

....

17 de outubro de 2008

MAIS CEDO

Desperto com um som que meu coração diz ser de pássaros. Pela janela, vejo os micos a pular de árvore em árvore. Você também desperta com o som, e, da minha cama, assistimos às suas macaquices. Saio mais cedo para ir ao dentista e encontro um sol palha — um sol fresco e silencioso que me traz um gosto doce na alma.

As manhãs são combustível, filho. E essa pressa vem tapando meus olhos. A pressa mata as manhãs. Antes de sair, por alguns minutos me permito observar você na porta de casa. Um jato de água da mangueira é magia entregue às suas mãos em preciosos espaços de vinte segundos. Felicidade é quase nada e o seu sorriso muda tudo.

Esqueço a luta, paro de remar e boio. Flutuo na água da vida a me lembrar da intensidade diversa do que já senti. De quando éramos um só. De quando éramos três. Penso na cura que a morte traz. Simplesmente continuar a vida, manhã a manhã, sem sofrer pelo que não tenho. Desejos outros. Saudade daquelas manhãs em que doía a paixão; desejo por novas manhãs assim.

Hoje os pássaros cantam, sussurrando um novo dia ao meu ouvido. Ou os micos. Ou você. Meu passarinho.

Quero um novo pai para você. Ou para mim? Quero e para isso nada faço. Nada espero para que assim, um dia, me venham surpresas boas. Penso no resto da minha vida e na minha chance aumentando de viver esse resto com alguém — esse que é a cada dia mais curto. Penso, coloco o talão rotativo no carro e deixo para depois. É hora do dentista.

23 de outubro de 2008

CADA UM NO SEU PAPEL

Ontem me senti muito culpada por não poder ficar com você por mais tempo de segunda a sexta. Minha vida já seria uma correria só pelo trabalho e ultimamente tanta coisa tem acontecido além dele. Que contradição: é muito por você que fico tanto tempo longe de você. Na verdade, filho, no fim de semana eu sou cem por cento mãe. Mas durante a semana, eu sou o pai. E chego do trabalho bem cansado.

....

27 de outubro de 2008

DO AMOR

Não tenho a fórmula, filho. Aprendi algumas coisas, muitas delas ao lado do seu pai. Aprendemos juntos também. Tivemos tempo para cuidar. Ficou um amor fresco, onde preservamos o melhor e nos preservamos do pior. Não seria assim tão fresco com o tempo passando, a vida, dia a dia. Mas a gente estaria atento para aprender mais. Às vezes sinto que essa interrupção, por outro lado, foi um sinal bonito. Para que o amor ficasse, ali ele deveria parar. O cara lá em cima deve ter resolvido fazer como a minha psicanalista, que sugere, no ponto alto da sessão: "Vamos ficar por aqui?". E foi assim. Mesmo tendo tanto ainda a dizer.

....

1º de novembro de 2008

A CHUVA

Quando os primeiros pingos caíram, naquela tarde de sábado, você olhou para o céu admirado: *"A fuuuuuuva!"*. Isso faz uma ou duas semanas.

Num desses dias você aprendeu o que é trovão, observando os raios e a água caindo, com um olhar de respeito, como se soubesse da sua pequeneza diante dela. Sua voz ficava até mais suave na hora da exclamação.

Essa noite ela veio de novo. Dias e dias de um calor abafado e assustador e o prenúncio da sua chegada é um vento forte que nos faz fechar todas as janelas e suportar a alta temperatura dentro do apartamento.

Eu tinha acabado de me deitar quando ouvi você dizer baixinho *"A suva, a suva"*. Fui até o seu berço e não resisti aos seus braços pedindo que eu o tirasse de lá. Depois de uma semana de trabalho duro, a saudade fala mais alto.

E eu só tinha me entregado à cama por saber que não aguentava mais. Mas ao ver você minha exaustão dissolveu feito pó. Só importava abraçar e dizer: "Estou aqui".

Fiz um embalo com o corpo, você deitado no meu ombro como de costume, quando a chuva de fato começou. E um relâmpago assustador acendeu o céu por um instante, seguido de seu som que, você vai aprender um dia, sempre chega mais tarde. Foi um estrondo, filho. Um que me pegou de surpresa. Meu corpo estremeceu, abraçado junto ao seu, e tive medo de assustar você com o meu próprio medo.

"Tuvão, tuvão", você repetia, pequenino.

Disfarcei, respirei fundo, recobrei a serenidade como num piscar. Nessas horas, não importam as coisas que me amedrontam, nem os colos que me faltam. Visto uma armadura de não-sei-o-quê, engulo o tremor e calo a minha ingenuidade. Aperto você junto ao meu corpo como se quisesse voltar a colocá-lo dentro de mim. Sou seu porto seguro porque assim tem que ser.

Foi então que eu, pequena e uma só, cresci mais uma vez para acolher você com a força de um mundo.

....

20 de novembro de 2008

LINDA

Ela, sim, herdou uma dor maior que a minha. Ainda assim, me ligou no mesmo dia e disse com voz firme: *"Não saia de perto, você é nossa"*. E assim se fez. Frequento aquele sorriso todo fim de semana. E para nós, filho, ela abre os braços, além do sorriso.

Não falha — mesmo ao falar dos sorrisos que a vida não lhe dá. Mas ontem a gente sorriu num abraço forte. Era alegria, sim. Alegria de amor.

29 de novembro de 2008

MAIS DO NOVO

Saudade de escrever, filho. E agora vem a reforma ortográfica. Acho que houve outra em 1971. Eu tinha um ano, então já fui alfabetizada de acordo com as novas regras. Com você vai ser igualzinho. A mamãe aqui é que vai ter que se alfabetizar de novo. Assim seja. O livro, o tempo, o vento, a chuva. Até a reforma veio em boa hora. Novo tempo, filho. Tempo de aprender e começar de novo.

....

6 de dezembro de 2008

VOAR

Eu tinha 11 ou 12 anos quando recebi dos meus pais um inédito convite a viajar com eles para Salvador. De avião.

Caçula de cinco irmãos, a alegria de voar pela primeira vez ao lado deles só não era maior que o orgulho de finalmente ter a companhia de pai e mãe só para mim. Talvez aquele tenha sido o primeiro grande evento da minha vida.

Anos antes, eu me lembro do tamanho da frustração quando eles viajaram para Diamantina levando todos os filhos para ver a Festa do Divino — todos, menos eu. Não me esqueço da perna engessada do meu irmão, que voltara com a assinatura do JK, em pessoa. (Embora fosse amigo do meu avô, a figura de Juscelino, aos meus olhos, era uma espécie de astro de Hollywood.)

E lá fomos nós voar de Vasp pra Bahia. Eu na janela, Papai e Mamãe ao lado. Emoção na decolagem. Prazer em cada minuto. Breve escala em Ilhéus e. E.

Ali a aeronave teve sérios problemas técnicos. Dali não mais saiu. Descemos, esperando que o problema fosse rapidamente resolvido. Mas o que foi rápido foi a voz do meu pai a me rotular de "pé frio". É claro que era uma brincadeira, mas, nos meus dias de pequena, tudo para mim era grande demais. Foi preciso tempo e falta para me mostrar o tamanho que as coisas deveriam ter.

Ainda rio ao me lembrar do aeroporto de Ilhéus — mais abafado lá fora que lá dentro, mesmo sem ar-condicionado. Lembro também de uma tripulação a fazer os passageiros de bobos, ao nos mandar embarcar, dar voltinhas no solo com o avião e novamente nos mandar descer. Isso aconteceu por duas ou três vezes e na última delas alguém resolveu embarcar pela fila de desembarque — uma forma de tornar ainda mais divertida aquela cena patética em um aeroporto que parecia abandonado.

Constatada a impossibilidade do conserto, seguimos de ônibus para Salvador, não sem antes passar uma noite na parte menos charmosa de Ilhéus, indo dormir num hotel idem. Ainda assim, no nosso pensamento classe média, era divertido poder comer muito camarão pago pela Vasp.

Uma semana em Salvador, praia e alegria na casa do melhor amigo do meu pai e, surpresa: a volta seria pela Varig.

Ainda hoje nos vejo a sobrevoar o mar escuro, numa noite bonita de verão, enquanto um lauto jantar nos era servido — um bife alto e bonito, cujo gosto sou capaz de sentir até agora. Um voo noturno triunfante e inesquecível. Aquela, sim, era a minha primeira vez voando.

Foi durante esse "jantar" que vivenciei a primeira turbulência em um avião: meu braço chacoalhava segurando o copo cheio de refrigerante. Eu vivia a cena ao mesmo tempo em que a assistia, incrédula. E a minha gargalhada era de uma felicidade inesquecível — ainda posso ouvir as risadas dos meus pais, felizes por mim.

Quase trinta anos se passaram e o que ficou foi essa cena — em slow motion. Em minha mania de transformar cada lembrança em um comercial de 30 segundos, aquela imagem é a idealização da minha felicidade ao lado dos meus pais. Se tivesse assinatura, seria da margarina Doriana.

O tempo se foi e, com ele, alguns aviões, passageiros, meus pais, minhas avós, seu pai. Até a Vasp se foi também. E parece que a Varig se foi agora, definitivamente, ao ser encampada pela simpática e básica Gol.

A malinha que a gente adorava levar pra casa ou ganhar de quem havia voado ficou no passado. E o máximo que podemos saborear no avião é um biscoito recheado com um vulgar patê de ervas. Servido, quando muito, com um belo chá de cadeira.

Já perdi as contas de quantas vezes voei. E hoje o que levo a mais na bagagem é uma grande torcida para tudo dar certo e voltar inteira para estar com você, filho. Viajo sempre com um coração pequeno e um olhar nostálgico para o mundo.

Aeroportos têm o poder de me fazer chorar. Assisto de longe ao significado do amor em cada abraço. Ali desaparecem as diferenças, o tédio e até aquelas coisas pequenas que no dia a dia crescem e passam a incomodar. O sorriso é fácil e aberto, o afeto é inteiro. Como espectadora, posso sentir o perfume do amor em cada cena. É nas despedidas que ele fala mais alto.

Viajando, me sinto mais e menos só: um mundo de gente que não me conhece me obriga a fazer companhia para mim mesma. E então se manifesta a essência da palavra solitude: a presença de si mesmo, muito diferente da falta do outro, a que chamamos solidão. Viagens também podem ser uma chance de se abrir. Mas para isso é preciso coragem. Uma semana atrás, no aeroporto internacional do Rio, fiz amizade com um professor de história, que vive entre Brasil e Portugal, e com a simpática secretária municipal de assistência social aqui de Belo Horizonte. Embarquei num longo papo com cada um, viajando em nossas histórias de vida e de profissão — e então o atraso do voo virou ganho.

Como aconteceu naquela viagem de avião para Salvador, em que a família era meu pai, minha mãe e eu, sair do conforto de casa nos faz experimentar uma nova dinâmica nas relações. Ali, por alguns dias, fui filha única.

Um ou dois anos depois, tivemos uma segunda oportunidade de ir apenas os três para Salvador. Dessa vez, fomos de carro. 24 horas na estrada, com direito a dormir num hotel bom no meio do caminho. O avião não me fez falta. Não houve voo mais emocionante que estar todo esse tempo na estrada somente com meus pais. Como bons e velhos companheiros de viagem.

....

6 de dezembro de 2008

ANTES QUE EU ME ESQUEÇA

Para entender melhor o seu pai:
— De fato ele era fisicamente muito parecido com o ator João Miguel

— mas garanto que cozinhava melhor que ele no filme Estômago;
— Ele às vezes se parecia com o Didi Mocó — e já admitiu isso pra mim;
— Quando ele envelhecesse, ficaria a cara do Bill Murray.
Bom, é mais ou menos isso.

....

11 de dezembro de 2008

DO ALTO DA MINHA IGNORÂNCIA

Não foi nenhum livro que eu li. Não foi nenhum filme que eu vi. Foi o que me foi dado a viver e o caminho, o único, o que encontrei para respirar. Foi a minha ignorância. Minha não pretensão, o meu não julgamento e uma lente de amor a distorcer (ou revelar?) a poesia. Antes de ser dúvida, já era texto, já era lido, já era. Arte por ser expressão legítima do que o coração gritava. E assim, inteira, absolvida pela ignorância, cometi a simplicidade de dizer o que sentia. Fiz, sem saber que a sinceridade era um atrevimento. E acho que vai ser sempre assim.

....

13 de dezembro de 2008

SEM ADEUS

Tenho sentido seu pai distante, indo embora de mim. Resisto à tentação de pedir que ele fique. Não devo — não devemos. É hora de ir e deixar em mim o que precisa ficar. Como eu previa, as lembranças já não são frescas. É uma alegria e um alívio ter escrito. Distante da intensidade, por vezes acho pouco o que sei dele. Que sorte haver amigos e amor para me mostrar um tanto mais. Inevitável: você também fará isso. Nesse tempo todo de falta, procurei o costume como saída. Fiz da ausência um hábito, até que ela virasse paisagem. Mas de vez em quando entra um vento de dor por uma fresta insuspeita, atingindo minha pele com um frio de tristeza. Talvez eu sinta para sempre esses arrepios como quem tem uma doença crônica. Um reumatismo de amor que de vez em quando finca e maltrata. Depois passa. E volta — não há como virar uma página que insiste em crescer de novo diante dos meus olhos. Que insiste em se reescrever. Sei que você me é também, mas, como não me assisto de fora, não me reconheço. Talvez ele o fizesse. A esse paradoxo que me foi legado, dou o nome de sorte. É que ele não foi embora sem antes cuidar de renascer em mim.

31 de dezembro de 2008

A ALMA DAS COISAS

Uma caixinha pequena, com acabamento dourado e um espelho na parte interna da tampa, que ao se abrir revela o reflexo de uma bailarina rodopiando suavemente ao som de *"Pour Elise"*. Este é o meu objeto favorito.

Além dele, uma plaquinha que encontrei entre as coisas da Vovó Juju depois que ela se foi, com os dizeres: "Em algum canto do coração, temos sempre vinte anos". Aquele poderia ter sido o seu epitáfio. Também por causa dela, tenho especial apreço por uma imagem de Buda em porcelana barata, que eu fitava em sua casa desde que me entendia por gente. Passei anos imaginando que aquela deveria ser uma relíquia valiosa. Depois de herdá-la, encontrei colada na base uma etiqueta do antigo supermercado CB Merci. No oco, descobri há pouco alguns algodões e um maço de notas de pesos argentinos — um verdadeiro tesouro, mesmo que já não valham nada.

Da outra avó, guardo cuidadosamente uma imagem de porcelana inglesa onde moravam meus olhos durante os almoços de Natal em sua casa: uma mulher e seu lago (seu próprio lago!). Gosto, não por ter sido da minha bisavó e pelo provável valor financeiro; gosto porque traz aquele encantamento da infância, e mais ainda porque minhas irmãs se lembraram disso ao me confiar o objeto, na hora da partilha.

Uma miniatura do Porsche 911, presente da Telida num dos meus aniversários, acolhendo minha paixão pelos carros. Com esse "carrinho" você sempre insiste em brincar. Não sem que eu sinta ciúmes — é que sempre desaparece uma das rodinhas, o que me põe em posições patéticas a procurar debaixo de camas e sofás.

Duas caixinhas ilustradas da Confeitaria Colombo, que um dia eu trouxe do Rio para o seu pai. Hoje, uma mora dentro da outra, na tentativa de guardar a sete chaves os CDs de nossas músicas — e o tanto mais que os acompanha.

Um suvenir da Tour Eiffel que eu mesma comprei em Paris: uma miniatura de baú de viagem, toda etiquetada como se já tivesse rodado o mundo; um porta-termômetro dourado que meu pai ganhou na formatura de Medicina e uma tacinha de licor que era para ele sua melhor lembrança da avó materna.

Se você prestar atenção, filho, vai descobrir que também já tem os seus objetos preferidos. E terá outros, ao longo da vida, que trarão lembranças, encantos, afetos, certezas, tremores. Algumas coisas têm essa sorte: tornam-se sinônimos das sensações que nos provocaram um dia. Sensações que escolhemos guardar. Por elas, ganham o privilégio de ter alma.

Dos meus, o mais vivo talvez seja a caixinha de música — que existe apenas na minha imaginação. Nunca a tive. Era sonho de criança ganhar uma de presente, mas não aconteceu. E é nessa caixa inexistente que a bailarina rodopia entre sonhos antigos e tolas esperanças, ao som de uma trilha simplória e abafada, que aí mesmo traz sua magia. Morando num invólucro que não existe, talvez seja mais fácil um deles um dia fugir e crescer. E eu particularmente torço por isso.

Feliz 2009, filho.

....

7 de janeiro de 2009

ÁGUAS

Foi em março que conheci esta versão da famosa música do Jobim — você estava prestes a nascer. Ouvi-la, hoje, é sentir no rosto de novo a brisa delicada de uma calma triste. Uma calma que me falava sobre o que não podia ser mudado e sobre as revoluções que me aguardavam por trás do que não podia ser mudado. Da delicadeza de um novo momento, mesmo que soasse violento em sua muda chegada.

As águas de março eram o fim do caminho e, da viagem seguinte, você era o começo.

Novos amores se anunciavam como flores, a começar pelo seu. Novos ares. Alguns desejados, outros não, revelando que a vida é quem faz as escolhas, por mais que nos dê outra ilusão. Ela nos brinca e em suas mãos somos criança. Entre uma brincadeira e outra, vem a morte para nos ensinar tanto a urgência como a calma resignação.

E é no jogo bobo e repetido que vai se revelando: o que passa, o que vem para ficar, o que é só caminho, o que é lugar para morar.

O tempo avança e luto para conquistar finalmente a calma. Penso que a conheço, mas ela me foge invisível. Em minha pressa de fazer sozinha, como se eternamente eu não vá ter com quem contar, me vejo a cada dia mais veloz, elétrica, acelerada. O que ontem sequer existia me invade e amanhece urgente, imprescindível, essencial.

Em minha ânsia de viver, esqueço de respirar. E o que é pior: sufoco também.

Você é tão parecido comigo, filho. A paciência que lhe peço é a paciência que não tenho. Por tantas vezes a vida me parece gritar pedindo que eu espere. Que eu espere, porque já vem. Mas não consigo.

Escrever é meu respiro, é quando tomo o ar para novos voos — por mais rápido que voe, o avião parece flutuar entre as nuvens, essa ilusão de tempo e de espaço que nos dá a dica: a vida é tal e qual.

A vida é provocação. Se um dia me grita que é curta, manda em seguida a mensagem de que é preciso saber esperar. Avança e recua, oferece e retira, para nos medir, não a força, mas a capacidade de brincar.

E, como você ao repetir mil vezes um mecanismo novo que acaba de descobrir, o tempo oferece meditação. É assim o seu jogo, com enigmas que mais rápido nos devoram se os tentamos engolir.

Não importa quão irritante isso tudo me pareça. Nada vai mudar o fato de que não se toca o tempo com a mão. Não posso empurrá-lo ou puxá-lo, ele não vai nem vem, não pode que lhe sejam.

Admito, tenho pressa. Mas é pressa de chegar em casa e finalmente descansar. Pressa de ter calma. Pressa e sempre inimiga. É que, nessa correria feia, por mais vezes me perco no caminho, sem conseguir chegar.

Em minha tentativa de lhe apresentar a serenidade, descubro que você é que veio me ensinar. O tempo, em seu ritmo criança, nos faz todo dia o mesmo convite a viver delicadas repetições e, assim, sorver a essência sutil do que não é feito.

Espero que eu, sempre tão rápida, não aprenda tarde demais.

16 de janeiro de 2009

ESCURO

Você vai aprender, filho. Que a intensidade pode roubar você de si mesmo. Que é preciso leveza para se pertencer. Você vai aprender a se distrair no meio do caminho — para ter o privilégio de errar. Vai aprender que as descobertas estão nos atalhos. E que é preciso alcançar o escuro denso para estar diante de todas as possibilidades. Você vai aprender a se deitar noite escura e amanhecer ensolarado. E vai entender que na perda mora o verdadeiro começo. Talvez você leve meia vida para isso. Talvez mais, como eu. Mas, até lá, olha que sorte: eu vou estar segurando a sua mão.

....

30 de janeiro de 2009

PRESSENTIMENTO

A persiana quebrou, o chuveiro queimou, o gás acabou. O dinheiro faz tempo que já não há. E hoje a campanha foi reprovada pela terceira vez. Sinto que alguma coisa muito boa está para acontecer.

....

15 de março de 2009

MUITO BEM

Fim de domingo, o cansaço de sempre e você sozinho no quarto, assistindo ao DVD do Palavra Cantada — prestes a dormir, chupeta e fralda em punho. Da sala, ouço a música terminando e o público aplaudindo. Eis que você também bate palmas. E ao final ainda diz: *"Mointo bem!"*.

Tem que ter um talento e tanto pra insistir em não ser feliz.

19 de março de 2009

DE COMO EU ME PERDI DA MINHA VELHICE

E eu não quero voltar no tempo, filho. O meu olhar é para a frente porque ali está você. O meu olhar é para mim, porque eu me vejo em você e cresço de novo. Aprendo com a sensação de quem ensina.

Eu agora observo ônibus nas ruas. Se são azuis, verdes ou vermelhos. Se são amarelos, grandes ou pequenos. E me permito definir coisas primárias. Aquele é um caminhão branco, aquele é um ventilador, aquele não, é um lustre. A estrela brilha, a formiga anda, o gatinho mia e, ouve só, é um helicóptero voando. O avião também voa. E o bem-te-vi, que lindo. O mico, não. Vive lá no alto, mas desce pra comer banana da sua mão.

Parece que eu nunca tinha pensado nessas coisas. A borboleta também não se lembra que já foi lagarta. E voa.

Diante do sentido primeiro das coisas, daquele de que me perdi, conto histórias de objetos e já não temo suas razões cruas, seus sem sentidos e despoesias. Todo dia saio procurando para você um mundo com mais significado. E encontro.

O seu olhar não é de estranhamento. Por que o meu deveria ser? O seu olhar é de encantamento e acende o meu.

Luzinha é sempre de Natal. Não ouso discordar: que a vida seja Natal.

Sua fala é nota musical, gosto, re-pe-ti-ção. E em mim vou desenterrando histórias, artimanhas, saídas engraçadas. Invento, se for preciso. O tigre que come verduras, o leão que é educado, os amiguinhos inanimados que têm cada um o seu nome e, todos, merecem beijos e abraços de carinho. Principalmente os que têm pelos.

Não é mais o trânsito. São os ônibus vermelhos, amarelos, verdes, azuis. São as árvores, a estrela, o anjo, a lua, a florzinha, o ventilador, a nuvem, o menino. É o trânsito e o céu. Olho em volta, ao lado, todo. Não é mais repetição: é descoberta.

Às vezes me perco nas não escolhas e me agarro a elas, atrasando o seu passo. Você volta e me pega pela mão. E no caminho tudo volta a ser novo.

A cada manhã você des-cobre os meus olhos. Tira deles o que me embaçava a vista e coloca no meu colo, mais uma vez, uma paisagem fresca.

Você vai completar dois anos, filho. E eu me sinto com muitos anos a menos.

....

3 de abril de 2009

ACONTECEU

Tenho errado o caminho que me leva à saudade do seu pai, como quem procura em vão por um bar que já fechou e onde — é preciso encarar — a turma não mais se encontra.

Tenho agora mais tempo de você do que dele. Embora com a sensação de que eu saiba mais sobre ele do que sobre você. É que a cada dia você nasce mais um pouquinho. Enquanto nós, os adultos, desaprendemos a nascer e corremos o risco da monotonia. Tento que não seja assim. Ele conseguia.

Eu me lembro de pensar no tempo que ainda viria. Será que eu daria conta de tanto sem ele? Surpresa. Demorou pouco para que a vida voltasse sangue circulando, vermelho vivo, oxigênio sem memórias tolas.

Eu me lembro tão menos dele. Não posso dizer que esqueci seu rosto, pois ele acende todos os dias em você. Mas as lembranças se distanciam, doces, esmaecidas. Não pulsam mais.

Eu me lembro mais do amor do que dele mesmo. Um sentimento que emoldurei e, amarelado, fica ainda mais bonito. Eu me lembro de um tempo que me conta uma história e ela nem parece mais ser minha.

Mas hoje eu desejei muito me lembrar do seu pai. Desejei que ele pudesse me ensinar de novo. O quanto e o como ele sabia viver. Não importava o dia da semana, a hora do dia, o dinheiro na conta. Era sempre um prazer. Era rotina (e ele cultivava a rotina), mas não era repetir.

Um livro nas mãos. As mãos bonitas. Os olhos no livro. Um prato servido por aquelas mãos. Os dedos cuidadosos. O traço, a voluta, a volta, a cor, os tons. Pausa para um café. Conversa mansa e uma voz firme que também era veludo. Palavras perfeitas e inteiras digitadas num e-mail qualquer. Enquanto bebia café, beber café era o que ele fazia. Enquanto cozinhava, cozinhar.

Não era quase, era inteiro. Não era qualquer. Era presente. Não era abraço, era eterno. Não era de novo. Era sempre diferente.

Talvez aquele olfato apurado, talvez os olhos dos quais nada fugia, talvez a boca que sabia exatamente o que dizer. Ele não fazia duas coisas ao mesmo tempo. Mesmo que fizesse.

Era sempre um prazer. Se delicadeza, plena. Se braveza, uma que dava medo — era assim se ele baixasse o tom de voz. Mas era sempre presente.

Ele não faltava. Estava sempre lá, vivendo cada segundo da sua vida. Até o momento em que não esteve mais.

E porque ele cuidou de ser intenso, inteiro, foi embora sem deixar o que não tivesse feito. E porque cuidei dessa dor com gosto, pouco me sobrou dela.

E porque ele me foi presente, ele agora nos falta inteiro. Para que nós, eu e você, possamos aprender a sorver por completo cada gota da nossa própria existência.

....

10 de abril de 2009

AMOR E PONTO

Houve um tempo em que as certezas fugiam dele — elas conseguiam, ao contrário de mim. Foi um tempo nebuloso em que às vezes chovia, às vezes fazia sol. Mas, independente do clima, a gente se encontrava. Atravessávamos noites e noites lado a lado, acordando mais juntos ou não.

Eu me lembro de muitas noites em que ele adormecia antes de mim. Abraçada ao seu corpo, eu dizia para o silêncio: "Amor". Era solitário. Ficávamos eu e o que não cabia em mim, procurando um lugar onde pudéssemos nos esconder.

Noites se repetiram e o amor se manifestava, seguidas vezes, do coração para a boca, sem enfrentar grandes distâncias. Era um segredo meu comigo.

Até que um dia eu fechei os olhos antes dele.

"Amor." — ouvi num susto.

Finalmente ele havia parado de lutar, não mais se debatia. Num sorriso, se entregava ao que era feliz. Eu chorava. Era alegria demais.

Algum tempo depois, já era corriqueiro.

Mais algum tempo, você. Que antes era só um outro desejo escondido — também nele. O verbo se fez carne, como ele mesmo disse um dia.

Ainda bem que deu tempo.

A palavra amor seguida de um ponto-final é para poucas pessoas e poucos momentos. Para poucos porque é muito.

....

19 de abril de 2009

PERSISTENTE

O que ainda insiste em doer não é ter perdido o seu pai. É ele ter perdido você. Dessa dor eu constantemente me esqueço. Mas não tenho a ilusão de que ela passe.

Só tenho mesmo a minha escrita. E uma vontade de me livrar dela. Talvez assim caiba esse amor todo aqui dentro.

....

19 de junho de 2009

SOBRE A MINHA ALEGRIA

Que não é por nada, nem para nada. Essa que aprendi de mim. Que veio comigo, desde sempre. De vez em quando me perco dela e ficamos a nos procurar: eu por ela, ela por mim. Ela que é minha, que sou eu. Que sou. Sei que ela está aqui. Como quando perco alguma coisa dentro da bolsa repleta de coisas e toco em todas elas, menos o que é tão urgente. Respiro fundo. Calma. Ela está aqui, tenho certeza. É simples, eu vou encontrar.

....

1º de julho de 2009

PARA APRENDER A MELANCOLIA

Nas horas tristes, filho, não diga nada. Coloque um silêncio bem alto no aparelho de som. E comece a escrever bem baixinho. (Chorar até que pode, desde que não lhe embace a vista.) Só não pare: tristeza é pra escrever. Tome posse dessa dor que é toda sua. Até que passe e venha outra mais bonita.

....

17 de julho de 2009

17 DE JULHO

Esta costuma ser uma data especial para nós. Hoje você saiu do berço talhado em ferro para uma caminha de madeira. Surpresa: você descobriu que a cama é leve e não para de arrastá-la para todo canto. Quantas aventuras nos aguardam, filho.

....

26 de julho de 2009

JACK JOHNSON PARA OS OUVIDOS

"Som, Mamãe. Jéssicon."
Alegria ver o seu gosto musical se manifestando, filho.

....

5 de agosto de 2009

AMOR SEM DESCANSO

Você aprendeu a vírgula, filho. E já entendeu o valor que essa pausa dá ao que vem depois. *"Quer brincar, Mamãe?"* A cada vez que você me pronuncia, é o meu coração que dispara. Sem nenhuma vírgula entre uma batida e outra.

....

7 de setembro de 2009

IDENTIDADE SECRETA

Em nossos passeios no fim de semana saio de casa carregando a minha bolsa, a sua e um brinquedo — e ainda sobra mão pra levar você no colo. Sou a Mulher-Elástica, a mesma que, enquanto dirige, estica os braços pra lhe dar a chupeta. Pra fazer você rir, busco o Didi Mocó que mora em mim. Nas muitas vezes em que você me surpreende, sou ninguém menos que a Supermãe. Mas, quando você faz das suas, explodo como o Incrível Hulk. Na volta pra casa, carregando cansaço e sacolas, quem lhe dá as mãos é o Homem-Aranha. O mesmo que resgata o menino que de vez em quando se solta da minha mão e sai correndo. Ao final de um domingo, quando o silêncio toma conta da casa, minha verdadeira identidade se revela: sou só uma menina sonhando com um príncipe encantado que me leve no colo até a cama. Isso, até ouvir seu choro no meio da noite: voo até o seu quarto como o Super-Homem. Depois volto a dormir.

....

1º de outubro de 2009

SOBRE SAMBA, ALEGRIA E DESPEDIDAS

Outro dia eu relembrava com um amigo a cena que teria sido a mais cinematográfica da minha vida com seu pai — e foram muitas.

Já contei pra você que naquele 17 de janeiro, bem na hora do enterro, cantei pra ele um sambinha do Nelson Cavaquinho. "Graças a Deus, minha vida mudou. Quem me viu, quem me vê, a tristeza acabou. Contigo aprendi a sorrir, escondeste o pranto de quem sofreu tanto. Organizaste uma festa em mim e é por isso que eu canto assim: la la laiá, lalaiá, lalaiá…"

Parece incrível que uma grávida vestida com um tomara que caia preto tenha tido presença de espírito pra cantar diante do corpo do pai da criança que estava em sua barriga. Hoje, dois anos e meio depois, ainda me assusto por ter tido essa coragem.

Acho que nesse dia a vida me ensinou o senso de oportunidade. Era preciso, não podia ficar pra depois. A hora da homenagem era aquela, e eu tinha uma vontade de dizer pra todo mundo o quanto eu tinha sido feliz com seu pai. Disse. Com todas as letras e notas, diante de uma plateia que talvez tenha se dividido entre a emoção e o deboche.

Mesmo que eu e ele tenhamos sofrido muitas vezes antes, mesmo que eu viesse a sofrer muito a falta dele depois. Aquela era a hora, e eu soube viver aquele único momento com inteireza, sem pensar no futuro ou sofrer por antecipação. Fiz com satisfação porque eu carregava em mim um coração agradecido. Ou melhor, dois.

O samba tinha sido enviado pelo seu pai a mim, no início do amor, e eu sabia o que ele queria dizer com isso. Depois de alguns anos vivendo um amor calado e sem resposta, em que a mulher dele só tinha tempo pra trabalhar, ele havia encontrado uma companheira tão aberta para se dar quanto ele. E isso era pura alegria.

Houve também um disco da Marisa Monte, "Universo ao meu redor", que me fez companhia enquanto eu e seu pai estávamos separados, fazendo dos ouvidos a porta de entrada para a esperança e o gosto, de modo que os dias melhores vieram, como se eu os tivesse previsto. Depois, quando seu pai já não estava mais aqui, ouvi esse disco exaustivamente de novo, dessa vez com você no colo, e começava ali mais uma história de amor: a nossa.

Hoje, tempos e amores depois, resolvi colocar o mesmo disco pra tocar aqui na mesma sala, num dia de tristeza inédita. Ou de uma velha melancolia, exibindo as feridas que ainda habitam em mim.

É incrível como fui capaz de esquecer desse antídoto, como se eu estivesse apegada às dores que me assaltaram de algumas semanas pra cá — e a dor tem os seus encantos. E de novo descubro que em mim existem sorrisos de verdade, e com as notas procuro fazer a esperança espantar o medo, esse que desenha um futuro escuro como numa tentativa de nos proteger de alguma decepção — mas o faz de um jeito burro, porque é muito melhor ter esperança que deixar de viver a felicidade por medo de ela acabar.

O samba ensina entusiasmo, filho. Mesmo que fale de acontecimentos tristes, desamor ou abandono, ele canta a alegria que virá, inevitavelmente, porque a vida é mesmo em ciclos. Quem canta um samba lembra que a vida é agora, e se despede da tristeza com graça, antecipadamente, como quem coloca vassoura atrás da porta, confiante de que assim a visita indesejada vai logo dar um jeito de ir embora.

Cantar e sambar é um jeito brasileiro de acreditar no futuro, em notas que choram docemente, lembrando que satisfação é estar vivo e que isso deve fazer algum sentido.

E é assim que hoje, ouvindo samba, decidi começar a caminhar de novo, mesmo com os pés doendo: com a certeza de que em pouco tempo vou encontrar um lugar pra me sentar, tirar os sapatos e apreciar a estrada. Para depois dar mais alguns passos descalça e, com novos calos a proteger os pés, descobrir caminhos que nem estavam no mapa, e voltar ao prazer da viagem.

Lá na frente, quem sabe eu mesma faça um sambinha, cantando em humor as vezes que errei o caminho — e de como foi bom aprender.

....

4 de outubro de 2009

ECOLOGICAMENTE INCORRETO

Ontem de manhã, antes de entrar no carro:

— *O mutitinho, Mamãe! O mutitinho! Ih, matou. Ô, tadinho!*

....

6 de outubro de 2009

CARTÃO

Hoje seria aniversário do seu pai e eu me permito o desejo infantil de fazer chegar até ele um cartãozinho. Pra contar que brindamos a ele nesse domingo. E que uma campanha feita por ele é uma das mais lembradas de todos os tempos na Lápis Raro. Pra dizer que o tempo cura e o riso volta. Que eu me tornei alguém melhor depois que ele passou por aqui. Pra agradecer por ele ter transformado o amor em gente. E pelo milagre de vê-lo crescendo menino ao meu lado, fazendo do meu amor de mulher amor de mãe.

28 de outubro de 2009

CUIDADO, MAMÃE, EU SOU PERIGOSO

Hoje peguei você tirando o protetor de tomada. Com a boca.

....

2 de novembro de 2009

VESTINDO VOCÊ

Chego em casa com você nos meus braços e vou vesti-lo enquanto você dorme. O ritmo das minhas mãos pelo seu corpo canta um amor doído de tanto. Busco seus braços, pernas, pescoço e cabeça com um cuidado silencioso que vela o seu sono, enquanto o meu pensamento voa além da sua pele para chegar ao futuro — não sem antes passear pelo que ficou para trás. O que me dói agora não importa: sou mãe. E é um amor impensado e impensante que conduz meus braços a tomá-lo de novo em direção à cama. Na casa quieta, gritam os meus medos e buracos. Dói o fantasma da minha própria ausência. Embora às vezes eu sinta que já falto, sim, quando voo para longe com o que não dou conta. Quisera eu ser uma mãe plena de mim, sem o peso de tantos desejos, sem a sombra medrosa de nunca mais ter um gosto real de família. Visto você de sonhos e força. E o protejo com o cobertor que me falta. Choro a falta de um colo, mas só depois de colocar você na cama. Antes de pensar ou sentir, sou sua mãe. Posso até não viver em mim, mas você vive. Antes de ser eu, sou mãe.

....

17 de dezembro de 2009

PISTA

Você brincando de deslizar o carrinho nas minhas costas. E ainda tem gente que diz que a vida não tem poesia.

22 de dezembro de 2009

AMIZADE

Dani, seu amiguinho da rua, é oito meses mais novo que você. Há mais de um ano vocês brincam juntos todos os dias. (E um ano é boa parte de suas vidas.) De manhã, quando um avista o outro na rua, os dois abrem sorrisos e saem gritando.

Outro dia cheguei em casa e encontrei em cima da mesa o convite para o aniversário de dois anos do Dani. No envelope havia escrito: Para meu primeiro e melhor amigo. Meu coração ficou trêmulo: é sua vida cada vez maior.

Dias depois, Preta, a babá do Dani, tocou a campainha em casa e você ainda não estava vestido pra ir passear. Sugeri que ela subisse com ele. Rápido, você voou pra janela, acenando pra que ele o visse: "Oi, Daninho! É o Canquico!".

Canquico é como ele chama você — se alguém perguntar o seu nome, você sempre responde "Fanquico" (ou "Sanquico"). Mas, como bom amigo mais velho, você se empenha em falar a língua dele.

Amizade começa assim.

....

30 de dezembro de 2009

QUERO LHE DIZER, FILHO

Que de meus irmãos vi trechos de filmes, livros, discos, secos, molhados, laranjas, mecânicas, corpos que falam, escondida atrás da poltrona. Que de minhas irmãs assisti amores, sandálias de tiras, secadores barulhentos, espelhos indecisos, portões e "eu-te-amos". De meus pais ouvi vozes sem brilho, silêncios velados, o som alto da TV e uma resignada ordem das coisas. (Mas no meio disso tudo eu vi amor.)

Quero lhe dizer que de mim mesma vi muito e tanto, sem saber o que fazer com. Que de mim mesma escrevi tentando ler. Que do tempo entendi sermos feitos de medos iguais. Que, dos fins, vi começos. Que, das férias, vi ilusões. De cortinas que se fechavam, vi se abrirem outras. Que os medos que tenho hoje não são outros dos que me viram crescer. Que os meus quarenta eu não sinto. Que você crescendo dentro de mim era eu junto. Que você crescendo ao meu lado é exemplo.

Quero lhe dizer que não sei. Que, ao ter você em meus braços, sinto como se soubesse. E esqueço os meus temores para ser o seu farol. Que ser o seu farol acende um caminho dentro de mim. Quero lhe dizer que ao tentar ensinar aprendo de novo — ou quem sabe é a primeira vez.

Quero lhe dizer o que quero me dizer. Que você é um amor em mim. É afeto melhorado. Que depois de você a vida é brincadeira leve. Que o perigo de ter você é um risco doce. Que a sua respiração me faz voar para bem longe. Que a minha respiração ofegante coloca vírgulas em mim. Que atropelo as vírgulas em busca dos começos que moram depois dos pontos-finais. Quero lhe dizer obrigada pelas vírgulas. Porque, ao lhe ensinar sobre elas, vou aprender.

....

1º de janeiro de 2010

PARA SEU PAI

Você partiu no início de um novo ano.

Fazia muito pouco tempo que eu havia escrito uma lista cheia de desejos bons para o ano que ali começava. Lista modesta, de poucos itens — eu já tinha tudo o que queria.

Foi difícil aceitar que, nos tantos dias que viriam pela frente, ao invés de cuidar da lista, eu faria uma contagem regressiva, na torcida para que passasse logo a dor aguda. Cheguei a pensar que eu estava condenada a senti-la para sempre.

Dois meses depois, você se reinventou. Nasceu de novo, de mim. Nasceu outro. Outro que eu imaginava não conhecer.

Tive o privilégio de um ano em que nada era pequeno. A dor cantava um amor que não cabia em mim. Mas a vida latejava mais forte. E era grande demais a vida que eu guardava em mim. Renascemos em Francisco, eu e você. E ele ainda trouxe algo novo: um milagre só dele.

Faz quase três anos. Ele já é um menino. Tem a idade da falta. Mas veio para marcar uma presença nunca sonhada. Veio para me desabrochar.

Do Francisco eu me pari mil vezes. Nova, diferente, corajosa. Atirada, confiante, inteira. Aquela urgência que eu não compreendia era a minha urgência de ser.

A passagem de um segundo a outro nunca foi tão definitiva. O tempo agora vale mais. É absolutamente necessário que cada momento seja bom e simples. Sigo nesse exercício — que é de sabedoria, mais que de força. Da criança que chorava à toa, tornei-me a mulher que ri de si mesma. Sou uma mulher que sorri.

Os segundos seguem em fila, dando-nos a ilusão de que se repetem. Um a um, traçam seus propósitos e, rápidos, parecem não deixar rastros. A não ser alguns deles — e quem saberá quais são?

Num segundo, posso já não estar. Num segundo, tudo pode já não mais ser. Não é preciso apostar para estar sempre correndo o risco. Da intensidade. De me emocionar. De perder tudo. De ganhar muito. Os segundos vêm para falar da grandeza do que já temos.

Essa medida sutil do tempo é o futuro que não existe. A vida, que por ser grande é simples. Eterna e etérea. Sua ida me ensinou isso: cada batida do relógio é réveillon.

Eu achava que a minha dor nunca iria passar. Vieram outras. E outros desejos, sonhos imprevistos. Vieram desafios. Sem que você precisasse ir. Você permanece — e nunca, nunca é excludente.

Permanece o Francisco. Nosso milagre. Meu delicioso desafio. Vida que é falta e presença. Eu e você. Ele mesmo. Que já nasceu traçando história.

Ainda não conto histórias para ele. É ele quem me conta a minha. Ele é que me conta de você.

Não sei para onde escrevo, mas sei que você me lê. Pois lhe faço um pedido de ano-novo, emprestado de uma pessoa amada por um amigo: *"Quando varrerem estrelas, pede para jogá-las sobre nosso telhado"* (Yeda Prates Bernis).

De cá, eu e Francisco acendemos estrelinhas, na esperança de que cheguem até você. Amor que brilha.

10 de fevereiro de 2010

FINALMENTE, FILHO

O juiz expediu a averbação que reconhece o Gui como seu pai. Agora posso fazer a retificação do seu nome na certidão e incluir o do seu pai e os dos seus avós paternos. É seu presente de 3 anos, ligeiramente adiantado. Ou atrasado, dependendo do ponto de vista.

....

18 de fevereiro de 2010

CÓDIGOS

— Você mora no meu... coração.
— Eu moro no seu... coração!
Eu falo, você completa. E sorrimos.
— Toca aqui, Mamãe. Valeu.
E assim vamos ficando cada vez mais cúmplices.

....

15 de março de 2010

ELE

Sozinho com sua avó, hoje você disse a ela: "Eu tenho um pai, Vovó. Ele chama Guilherme". Tem sim, filho. Nunca duvide disso.

....

30 de março de 2010

FEITO COELHO

Chego em casa tarde e leio um bilhete da professora no caderninho da escola: "Amanhã é dia de colocar o coelhinho na toca. Cada criança deve trazer o seu coelhinho de pelúcia". Meia-noite e você não tem um coelhinho de pelúcia. Mas tem vários bichos amontoados em cima de uma cômoda — mais por obra da mãe, que ainda é afeita a coisinhas macias. Vou dormir um pouco apreensiva: de que cartola eu tiraria esse coelho? De manhã cedo, quando você acorda, corro para o seu quarto. E respiro aliviada ao ver que aquele cachorro branco e felpudo, de orelhas compridas, tem um rabo meio esquisito. Será um cachorro com rabo cortado, como os cães de algumas raças? Decido: hoje, ele é um coelho. "Toma, filho. Leva o seu coelhinho pra colocar na toca lá da escola." Você sorri despreocupado. Eu também. Fica entre nós, filho.

....

7 de abril de 2010

AINDA SOBRE

Quando a morte acontece, até que a gente se acostume, ela se repete. Muitas e seguidas vezes. Ao acordar no dia seguinte, está lá a morte de novo. A cada lembrança, outra morte. E a morte de novo, de novo, de novo. E mais uma vez. Até que em nós ela morra de fato — e isso demora.

Quando você nasceu, filho, foi parecido. Só que era vida. Toda hora a vida de novo. A cada momento olhar e ver a notícia: você nasceu. Ainda hoje é assim. Vivo. Latente. Pulso.

Acho que, por ter desejado longamente a sua vinda, e por você ter vindo justo quando não pedi; até por essa lição que vem com a morte, à qual eu tinha que arranjar contraponto, tive a sorte de aprender: fazer da sua vinda uma alegria.

E fiz. E você fez. E faz. Uma alegria que não cessa. Só cresce e fica mais bonita.

....

14 de abril de 2010

DUAS RODAS

No último domingo, fomos juntos andar na praça: eu, você e sua nova bicicleta. Nova e a primeira. Em pouco tempo, você foi pedalando até se distanciar de mim. Seguro e decidido sobre as duas rodas. Fiquei sentada assistindo você lá de longe. Meu menino crescendo. Como é possível, filho? O mundo e o tempo rodam rápido demais. E cabe tanto amor em cada segundo.

18 de abril de 2010

CICATRIZES

Você brincando com meu celular:
— *Vou ligar, Mamãe. Ligar pro meu Papai.*

....

25 de abril de 2010

MAIS CEDO DO QUE EU ESPERAVA

Brincando no meu quarto enquanto eu fazia preguiça na cama, você pergunta:

— *Cadê o meu Papai?*

Conto a história sem rodeios, diante do seu olhar não muito atento. Rapidamente você se distrai com outra coisa.

À tarde, estamos tomando um lanche no meu café predileto. Você diz, naturalmente:

— *Eu fiquei muito triste que o meu Papai morreu. Fiquei muito bravo porque ele tá "morrido".*

Senti o mesmo, filho. E, como você, expressei sem medir as palavras. É muito bom ver sua lucidez. Conheço gente de quase quarenta que até hoje não sabe dar nome ao que sente.

Bom começo, Francisco. Bom começo.

....

6 de junho de 2010

PARA O LIVRO DE MEMÓRIAS

1.
Comprei pra você de presente uma ambulância.
— *Onde você comprou essa ambulância, Mamãe? Na loja de ambulâncias plásticas?*

2.
Passeando de carro pela cidade, você filosofa:
— *Tantos carros. Tantos caminhões. Tantos ônibus. Tantas árvores. Tantas moças.*

E o meu sorriso secreto e solto.

....

3 de julho de 2010

SINCERIDADE

— *Meu pai comeu muito sal e morreu, Vovô. Eu quero um pai sem morrido.*

....

12 de julho de 2010

SONORA ALEGRIA

Você cantarola enquanto brinca e anda pela casa. Coloca cores e pronomes possessivos nas músicas. Nos passeios de carro você pede musiquinha. Agora começou a cantar junto. Presenteei você com um aparelhinho de som: já acordo ouvindo um dos seus CDs tocando. Não posso aumentar o volume, que você diz "*Não abaixa alto, Mamãe*". Nos passeios de carro você anuncia que vai rir quando passarmos no túnel. E cumpre o que promete, com risadinhas abertas. Andamos de mãos dadas enquanto você tece comentários e pede o meu aval sobre tudo o que está à sua volta. Nos momentos de calma você me acarinha com as mãos macias e olhar apaixonado — às vezes alisa meu colo, às vezes minha barriga. Sua alegria tem som. E a minha invade todos os meus sentidos.

....

30 de julho de 2010

FILHO DE PEIXA

— *Põe o salto, Mamãe.*
— *Não acha bonito com essa sapatilha, filho?*
— *Deixa eu ver. Não. Põe o salto, Mamãe. Salto é bonito.*

31 de julho de 2010

PRIMEIRO AMOR

Conversando sobre casamentos.

— *Eu também vou casar.*
— *Vai, filho? Com quem?*
— *Com cê.*

E um sorriso aberto pra dar o clima.

....

7 de agosto de 2010

SIMPLES ASSIM

— *O dia tá lindo, Mamãe, não dorme mais não!*

Foi assim que eu acordei hoje. Na sala, havia um presente já aberto. Sem cerimônia, você o pegou e me entregou. Era o presente de Dia dos Pais da escolinha.

— *E esse desenho lindo, filho! Quem é?*
— *Você e o meu papai.*

Meu lado criança achou divertido ganhar presente também no Dia dos Pais. Comentei:

— *Eu sou sua mãe e sou seu pai, né, filho? Por isso ganhei o presente.*
— *Não, você não é meu Papai. Meu Papai tá lááá no céu. Ele comeu muito sal e morreu, né?*

É, filho. Parece que sim.

12 de agosto de 2010

TODDY

Esta madrugada, em casa:

— Quero Toddy, Mamãe.
— Não pode tomar Toddy no meio da noite, filho. Se quiser água eu te dou. Toddy, agora, não. Só de dia.

E o dia amanhece.

— Tá de dia, Mamãe!
— É mesmo, Francisco. Bom dia!
— Quero Toddy.

....

23 de agosto de 2010

FOTÓGRAFO

— Mamãe, eu sei tirar foto, sabia?
— É mesmo, Francisco? — respondo sem prestar muita atenção, ocupada em redigir uma mensagem pelo celular.
— É, sei tirar fotos de pessoas.

Silêncio da mãe ocupada.

— Você não vai falar que eu sou legal?

....

11 de outubro de 2010

SENTIDOS

Estranho eu me lembrar disso hoje, filho. Do dia em que olhei para o corpo do seu pai sem vida e deparei com a tatuagem no braço: "Alegria". Ali, a alegria não fazia mais sentido. Então resolvi tatuar em mim. Para dar à alegria um sentido novo. E foi assim que aprendi: as pessoas vêm e vão. A alegria fica.

20 de outubro de 2010

SOLUÇÃO

— Porque quando eu ficar grande você e o meu Papai vão nascer de dentro da minha barriga.

Bem pensado, filho. Bem pensado.

....

4 de novembro de 2010

MUNDO, FRANCISCO. FRANCISCO, MUNDO

Sabe, filho. Eu já não gostava tanto do mundo quando você chegou. Mas a cada dia você me convida a olhá-lo de novo — sou eu quem mostra o mundo pra você. Pensando bem, ele é bonito sim. Eu é que não tinha olhado com calma. Obrigada, filho, por suas perguntas bonitas. Elas me fazem repensar e construir tudo de novo.

....

2 de dezembro de 2010

CAIXINHA DE SURPRESAS

Você brincando de futebol em casa com um amigo meu. Depois do chute:

— Gol de mim!!!!!!!!!!!!!!!!!

23 de dezembro de 2010

O SEU OLHAR

Hoje fui fazer a foto do dia para meu outro blog. E era você atrás das câmeras, filho. O tripé armado junto ao sofá, você de cuequinha de pé sobre o sofá, olhos grudados na câmera e palavras de comando:

— *Faz pose. Sorri!*

E pensar que ainda outro dia o tripé ocupava o meio da sala a tirar fotos de você crescendo na minha barriga.

Hoje, enquanto eu fazia pose, via a melhor de todas as cenas. E foi natural sorrir.

....

30 de dezembro de 2010

RELATIVIZANDO

— *Rosa, eu sou mais forte do que você. Eu como mais ervilha!*
— *Mamãe, eu sou mais melequento do que você.*

E não é porque você come mais ervilha.

....

7 de fevereiro de 2011

SUBSTANTIVO

— *Mamãe, vamos montar uma torre?*
— *Vamos, filho.*
— *Eba! Vai ser muito legal essa montaria!*

20 de março de 2011

FRANCISQUICES DA SEMANA

Você tirando fotos com a câmera da Mamãe:

— *Sorria, Mamãe! Agora vou tirar fotos dos brinquedos. Sorria, brinquedos!*

Tomando banho enquanto o namorado da mãe dorme.

— *Fecha a porta, Mamãe, vou tomar banho sozinho pra não fazer barulho. Prometo que não vou ouvir nada com a minha língua.*

....

25 de março de 2011

PERGUNTA

— *Filho, como foi a sua primeira aula de inglês?*
— *Foi legal.*
— *Me conta, filho, o que você aprendeu?*
— *Um monte de coisa que eu não sabia.*

....

29 de março de 2011

PRA COMER

— *Sabia que se misturar com feijão e legumes e arroz e carne vai ficar um suco de almoço!*

....

14 de abril de 2011

FRANCISQUICE ESPERTA

— *Vovó, me carrega no colo?*
— *Não, Francisco. Você já tá grande e sua avó tá cansada.*
— *Mas não sou eu que tô pedindo, Vovó. São minhas pernas.*

16 de abril de 2011

FRANCISQUICE ATRAI FRANCISQUICE

Explicando o funcionamento do carrinho que você acaba de ganhar.

— *O carrinho tem um ímã que atrai o metal. Então ele fica grudado em todo metal, que nem você comigo, Fran.*
— *É mesmo. Eu tenho grudação em mãe!*

....

17 de abril de 2011

ZOO-FRANCISQUICE

— *Mamãe, conta a história da Gata Mimi?* — foi o que você me pediu na hora de dormir.

Eu sabia que você tinha ouvido alguma história sobre a tal Gata Mimi na escola, mas agora seria necessário inventar. Busquei lá atrás nas minhas lembranças e comecei a contar de uma tal Mimi, gata da Vovó Juju, que teve muitos e muitos filhotinhos. Neste momento você chegou perto do meu ouvido e sussurrou como se fosse um grande segredo:

— *Os gatinhos vieram do ovo, Mamãe. Foi a galinha que botou.*

Vai saber, filho. Esse mundo anda tão moderno.

....

17 de abril de 2011

VITAMINA C

— *Olha, Mamãe! Na mexerica tem suco de laranja!!!*

24 de abril de 2011

SOBRE O QUE AINDA VÃO SOPRAR NO SEU OUVIDO

"Ficção", é o que muitos vão dizer sobre tudo o que lhe contei.

As cartas que lhe escrevi chegaram a muitos lugares, filho. Atingiram longas distâncias, mas também ficaram por perto, rodeando muitos que não leram, mas imaginam delas o conteúdo.

Alguns deles são os mesmos que me acudiram na hora da dor. Minhas cartas, não sei por quê, alfinetam corações possessivos que conviviam com seu pai, como se lhes ferissem o orgulho de saber histórias que eu não sei. Gente que quer ter o seu pai para si, ainda que morto. Como se houvesse jeito de ter alguém nesta vida.

Dessas pessoas, sempre vai existir uma ou outra apostando se a nossa vida juntos seria ou não para sempre. Como se falar de um amor fosse proibido porque ele não foi para sempre. (É divertido apostar em desfechos para a vida dos outros, filho. E isso você, humano que é, vai descobrir um dia.)

Pois eu digo com certeza: não seria para sempre. Porque não foi. A intensidade incomoda, filho. As palavras rasgadas e abertas talvez machuquem os que não tiveram a coragem delas. E a reação é lançar um alfinete de volta.

Minha história com o seu pai, a nossa história, só nós dois sabíamos. Mas, porque escrevi, agora milhares de pessoas sabem também. E como isso dói para tantas outras. Talvez pela verdade e força contidas no que escrevi.

Minha história com seu pai teve idas e vindas. Espectadores vorazes adoram as idas, mas ignoram as vindas. E foi depois de uma volta alegre e em paz que a história teve fim. Um fim desenhado pela firme e suave mão do Autor, e não por seus personagens.

Chegam aos meus ouvidos, endereçadas ou não, frases soltas que sugerem que eu tenha dito apenas coisas boas sobre ele, o seu pai. Como se dele não conhecesse os deslizes. Talvez seja verdade, filho. Preferi focar no que ele tinha e demonstrou de bom. Não porque não tenha havido as coisas ruins.

Prefiro deixá-las a cargo daqueles que vivem de apostas, como numa corrida de cavalos, torcendo para que se realize o seu palpite — com uma secreta predileção pela queda ao longo do caminho.

Sei do que vivi, eu e seu pai. A gente sabe olhares e vozes porque os sente. Mora na sutileza a genuína fidelidade. Mas saber do outro e de nós não é saber do outro os seus segredos — nem o seu pai sabia os meus.

Essa gente que espalha palavras ao vento tem a pretensão de me julgar ingênua, quase pueril. Pois eu lhe digo que é deles a ingenuidade de me enxergar assim. Em meu amor por seu pai coube também uma reconstrução. De um homem esvaziado de amor, procurando em pequenos gestos e atos o seu próprio valor. Sei dele tanto, filho. Não me chegam novidades aos ouvidos. Sei de suas fraquezas e pecados, conheço fatos que o fizeram ser alguém melhor a cada dia. Mas calculo também seus percalços e delitos, porque eu também os cometi. Erra-se muito em busca de um amor feliz. E fica ainda mais difícil quando no meio do caminho nos perdemos do amor por nós mesmos. Embora também, no meio do caminho, ele também tenha se valido de outros olhos, pois isso é sempre necessário.

Humanos que somos. Amantes que somos.

Será que ele teria ficado comigo para sempre? Não, eles gostam de dizer. Será que eu teria ficado com ele para sempre? — esquecem de perguntar.

Quando um casal tem um filho, nascem junto com o bebê duas novas pessoas — e elas se olham de novo, numa espécie de reconhecimento. Penso que ele seria um bom pai. Acho que ele se apaixonaria pela mãe que sou. Ficou essa pergunta que, hoje, é mera curiosidade.

Assim como nos acompanha, acomodada, uma dor por você e seu pai não terem se conhecido. Pai e filho, sim, devem ter um ao outro para sempre. Éramos dois, depois nos tornamos quase três e, por um tropeço no caminho, nos tornamos dois novamente — só que agora somos eu e você. Mas fomos, os três, feitos do mesmo amor. Que, independente de qualquer desfecho, vai estar sempre vivo em você.

Na vida é preciso saber fechar os olhos, a boca e também os ouvidos. Humanos que somos, um dia já fomos ou seremos capazes de espalhar ao vento, por falta do que fazer, um boato ou outro de alguma história alheia. Até porque não é a nossa.

Humanos que somos. Amantes que somos.

27 de abril de 2011

ME AQUEÇA

— Como tá fazendo frio hoje, hein, Fran?
— É. É o inferno!

....

6 de maio de 2011

A, E, I, O, U

Foi você que inventou a brincadeira assim, do nada. Primeiro, me chamou de Papãe. E um certo orgulho de ser uma mãe-pai logo tomou conta de mim.

Mas não era nada disso. Você estava brincando com as vogais, trocando as consoantes de todas as palavras. Simplesmente o P passou a ser praticamente a única consoante, mas as vogais continuavam as mesmas:

— Papãe, peu pepo popar pampo!

(Era você dizendo que queria tomar um banho.)

Em casa, logo entramos na brincadeira, rindo do seu senso de humor. Confesso que um jogo de linguagem me deixou coruja — e eu não disfarcei. Entrei no clima, e em alguns minutos estávamos conversando fluentemente na língua do P.

Hoje você mudou a consoante e passou a usar o T. Com uma desenvoltura impressionante, tanto para falar quanto para entender. E a coisa está ficando cada vez mais divertida.

Você só tem quatro anos, filho. Te teu te tato ta tata tia tais. Entendeu?

11 de junho de 2011

GLOBAL

Depois de ajudar você a se vestir, eu digo:

— Tá lindo. Fran. Tá gato!

E você, diante do espelho:

— Tô quase um artista!

....

21 de junho de 2011

NÃO RESISTO

Acordo e vejo você com o seu pijaminha felpudo azul-claro — o preferido. Pego você no colo, vamos pra minha cama e eu beijo você insistentemente.

— Como pode ser tão lindo assim? — eu pergunto.
— É porque eu me pareço com você. — você responde com a voz rouquinha de quem acabou de acordar.

E ainda é sedutor.

....

26 de janeiro de 2012

FARTURA

— Para de correr, Francisco. Desse jeito você vai quebrar um dente!
— Tem problema não, Vovô. Eu tenho muitos!

26 de janeiro de 2012

PLANOS

— Quer pizza, Fran?
— Não, Vovó. Pizza eu vou comer quando eu tiver 6 anos.
— E purê de batata, Fran?
— Ah, Vovó, purê de batata eu não vou comer nem quando eu tiver 60!

....

27 de janeiro de 2012

MÃOS

Eu lendo histórias pra você. Uma das mãos segura o livrinho, a outra lhe faz o cafuné. Num determinado momento, a mão do cafuné se ausenta um pouco para virar a página. Aproveito para parar um pouco, imaginando que você não vai perceber. Ledo engano.

— Mãe, lê com a mão esquerda!

....

8 de fevereiro de 2012

PALAVRÃO

Contrariado com algum não que eu lhe falei, você retruca:

— Então vou te chamar de canhota!!!!

....

12 de fevereiro de 2012

O SEGREDO DOS SUPERPODERES

— Francisco, você tem que comer fruta! Super-heróis são fortes porque comem muitas frutas!
— Mas, Vovó, eles só comem frutas italianas! E estas você não tem!

3 de março de 2012

FILOSOFIA

Enquanto tenta montar a surpresinha do Kinder Ovo, você pensa alto:

— *Isso é o que eu chamo de coisa difícil.*

....

11 de abril de 2012

IDENTIDADE SECRETA

— *Mãe, outro dia eu fui com a roupa do Batman pra escola e ficava tampando o peito pra ninguém ver. Aí todo mundo achava que eu era um super-herói, mas eu não sou. Eu sou só um menino sensível.*

Ah, tá.

....

27 de maio de 2012

LÓGICA

Em viagem de férias com seus avós, seu primo Gustavinho lhe ensina uma nova forma de falar mar, puxando o R como bom morador do interior de São Paulo. Ao ver você falando da mesma forma, sua avó explica:

— *Francisco, você não fala maR. Você fala mar mesmo, porque você é mineiro.*

Corta a cena.

Diante de uma escada, você cita algo sobre os "degrais". Sua avó explica que não são "degrais", mas degraus. Você retruca:

— *Mas eu sou mineiro, Vovó. Eu falo degrais.*

29 de maio de 2012

LINGUISTA

— Vamos tomar banho, filho?
— Vimas.
— Vimas?
— Vimas é vamos em inglês.

....

6 de junho de 2012

SANDUÍCHE DE ESPERANÇA

Avesso a experimentar coisas novas, você me pede para comer cachorro-quente pela primeira vez. Entre a alegria e a contrariedade, compro as diabolicamente gostosas salsichas, feitas de não-se-sabe-o-quê.

Você dispensa o pão e experimenta a iguaria.

— Adorei. Salsicha é mais gostoso que almoço!

E a minha esperança de vê-lo comer melhor fica esmagada entre dois pedaços de pão, coberta com mostarda e ketchup.

....

24 de julho de 2012

PONTO DE VISTA

Voltando de Tiradentes.

— Olha a placa, Mamãe!!! Proibido trapacear!

Verdade, filho. Ninguém respeita, mas é proibido mesmo.

20 de setembro de 2012

ESCOLHA

Entre um soluço e outro depois de se negar a comer o jantar:

— Tem que comer o jantar, filho. Senão, não tem Toddy. É pegar ou largar.

E você, chorando litros:

— Largaaaar!

E adormece de tanto chorar.

....

3 de novembro de 2012

MIRANTE

Alguém comenta sobre o Mirante do Mangabeiras. Você imediatamente aponta para a direção dele.

— Olha lá o "humilhante"!

....

12 de janeiro de 2013

NO CARRINHO

No supermercado, você dentro do carrinho, pego uma bandejinha de ovos de codorna e coloco no seu colo.

— Mamãe, esse ovo é de galinha ou de jacaré?

E minhas risadas rendem até o final da lista.

9 de julho de 2013

MÁQUINA

Deitado no meu colo, você ouve alguém falar sobre choro na TV:

— Sabe como se escreve chorar, Mamãe? Cê, agá, ó, érre, á, érre.
— Isso mesmo, filho.

Paro pra pensar no quanto o mundo se multiplica para quem aprende a ler e escrever.

— Você sabe que escrevi um livro pra você, filho?

Eu me levanto para buscar o livro.

— É o Para Francisco?

Eu confirmo. Você lê devagarzinho a cinta que envolve o livro:

— Mais-que-um-li-vro-so-bre-o-a-mor. Um-li-vro-es-cri-to-por-a-mor.

Abro o livro e sugiro que você leia a dedicatória:

— Para Francisco. Para Guilherme. Em se a gente construísse a máquina do tempo, eu ia encontrar meu pai Guilherme, né, Mamãe?

Talvez o livro seja isso, filho. Uma espécie de máquina do tempo.

....

21 de julho de 2013

TEMPO DA PAIXÃO

— Nossa, Mamãe, como você é inteligente!

(Porque "adivinhei" que seus chinelos estavam debaixo da cama.) Pego a sacola de praia e ajusto o biquíni. Você completa:

— Inteligente, bonita e sereiinha!

21 de julho de 2013

EM FORTALEZA

— Um brinde com a garrafa de refrigerante! — você exclama, excitado com o primeiro dia de férias na praia.

E bate a cabeça contra a garrafa. Mas mantém o sorriso:

— Nossa, como são duras as garrafas aqui em Fortaleza!

....

6 de março de 2014

MAIS UMA CARTA

Hoje desci com você pra aguardar a chegada do escolar. Na volta, me peguei chorando no elevador. Olho pra você e me lembro de tudo o que já passamos juntos. O amor recheado de medo e solidão.

Penso no homem que você está se tornando.

"Quer água, filho?" "Quero sim, obrigado."

"Mamãe, não tô com fome. Você come o último pão de queijo?"

Sua delicadeza me alimenta para qualquer dia difícil.

Sabe, filho, é muito fácil esquecer a dor. E é uma bênção. Mas, hoje, não é que a dor tenha voltado: me alumbrei mais uma vez por ser sua mãe. Aquele tremor nas mãos, que floria o nosso caminho de significados. Não quero perder esse medo bonito de ver as coisas. Não quero me esquecer do amor.

Ainda não acredito no milagre de haver você na minha vida. Agradeço como quem acaba de parir. Você nasce todos os dias quando o vejo acordar. E a dor de ser mãe me desperta cada músculo na busca de um dia melhor.

Obrigada, filho.

21 de março de 2014

SETE ANOS

Sete anos, filho. E fui eu que nasci de novo. Se pegar você no colo se torna a cada dia mais difícil, o mesmo digo do amor que eu trago. Não cabe mais dentro de mim: agora sou eu quem vive nele. Obrigada por trazer o sol (e tantas outras coisas boas junto).

....

12 de maio de 2014

SUPERPODERES

Na hora de colocar você pra dormir, faço o tradicional cafuné. Você comenta que minhas unhas são gostosas deslizando pelas suas costas.

— *Quando eu era pequena, adorava ficar perto da minha mãe enquanto ela falava ao telefone. Na época não tinha telefone sem fio e ela se sentava na cama dela. Eu me deitava perto, só pra ganhar cafuné.*
— *Eu queria ter conhecido a Vovó Dulce* — você comenta.

Sorrio no escuro e aguardo mais um tempo. Certa de que você adormeceu, dou um beijo no seu rosto antes de sair. Mas você ainda não tinha dormido.

— *Se eu tivesse superpoderes, eu ia reviver a Vovó Dulce.*

....

16 de maio de 2014

DA FAZENDA

— *Francisco, por que no sítio da sua avó você come couve e aqui não?*
— *Porque lá a couve é natural.*

23 de junho de 2015

TRAVESSIA

Toda manhã, levo você à escola. Andamos dois quarteirões e, na esquina anterior, coloco a mochila finalmente nas suas costas e o estimulo a atravessar a rua sozinho. Você confia que possa ir. De coração trêmulo, eu treino a entrega. Sem segurar na sua mão, aviso: "Não vá ainda, espere esse carro passar." O fluxo dos carros naquela rua não muito movimentada por vezes se assemelha à maré alta. E você, como todo menino, tem pressa. Temo por você, mas sei que não vou poder estar ao seu lado o tempo todo. É preciso preparar-se para seguir sozinho — tanto eu como você, filho.

Em minha vida, tantas vezes tento atravessar, acredito que aquela é a hora e acabo atropelada. O sentido figurado me salva. Queria ter alguém que me dissesse: "Agora não"; "Agora, sim, pode ir". Mas sou eu mesma o alicerce. E ele bambeia.

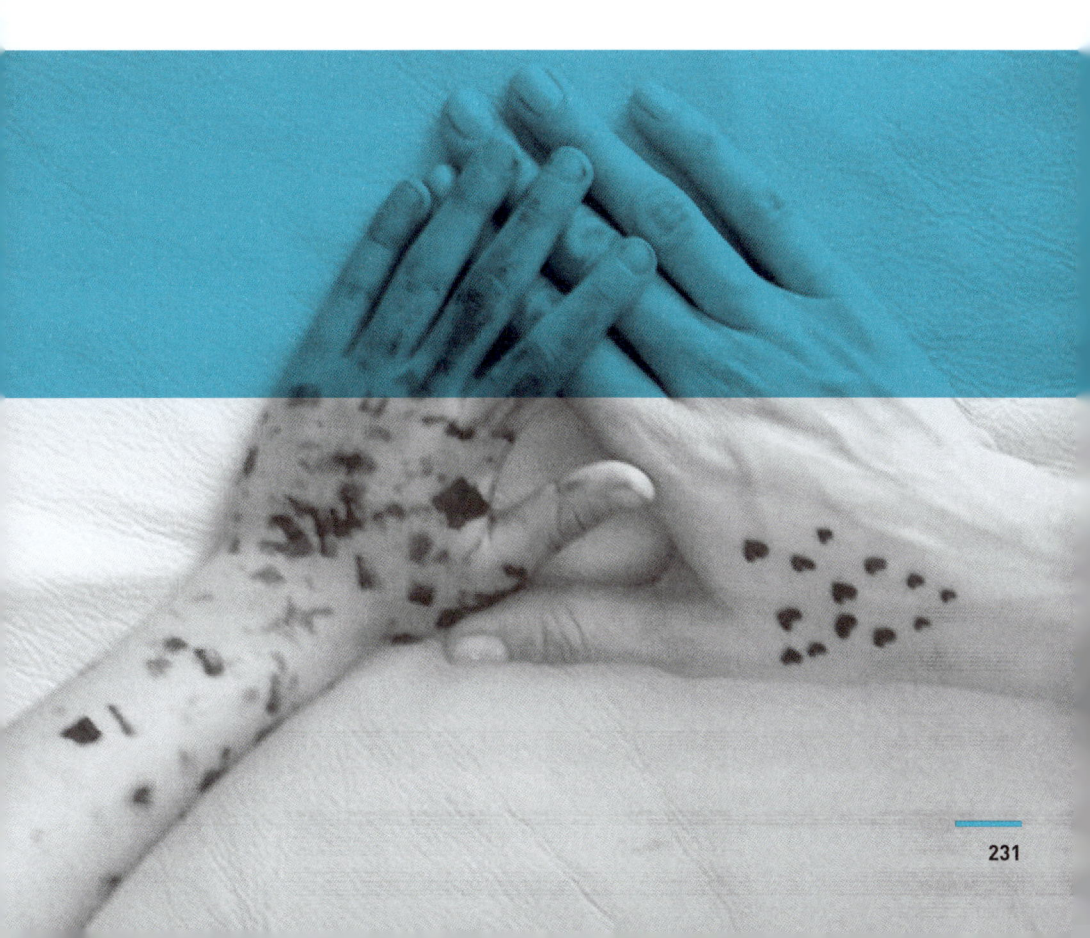

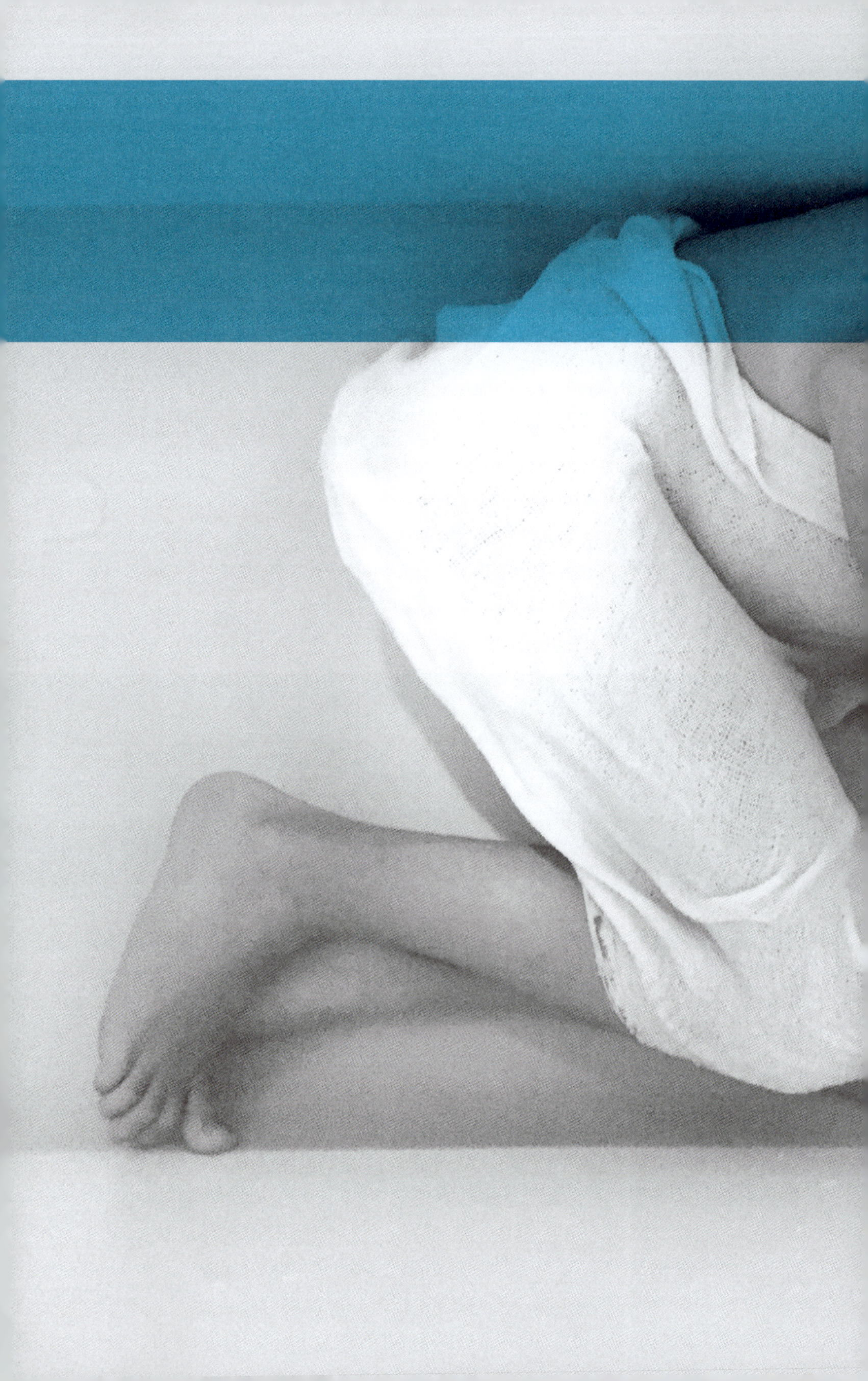

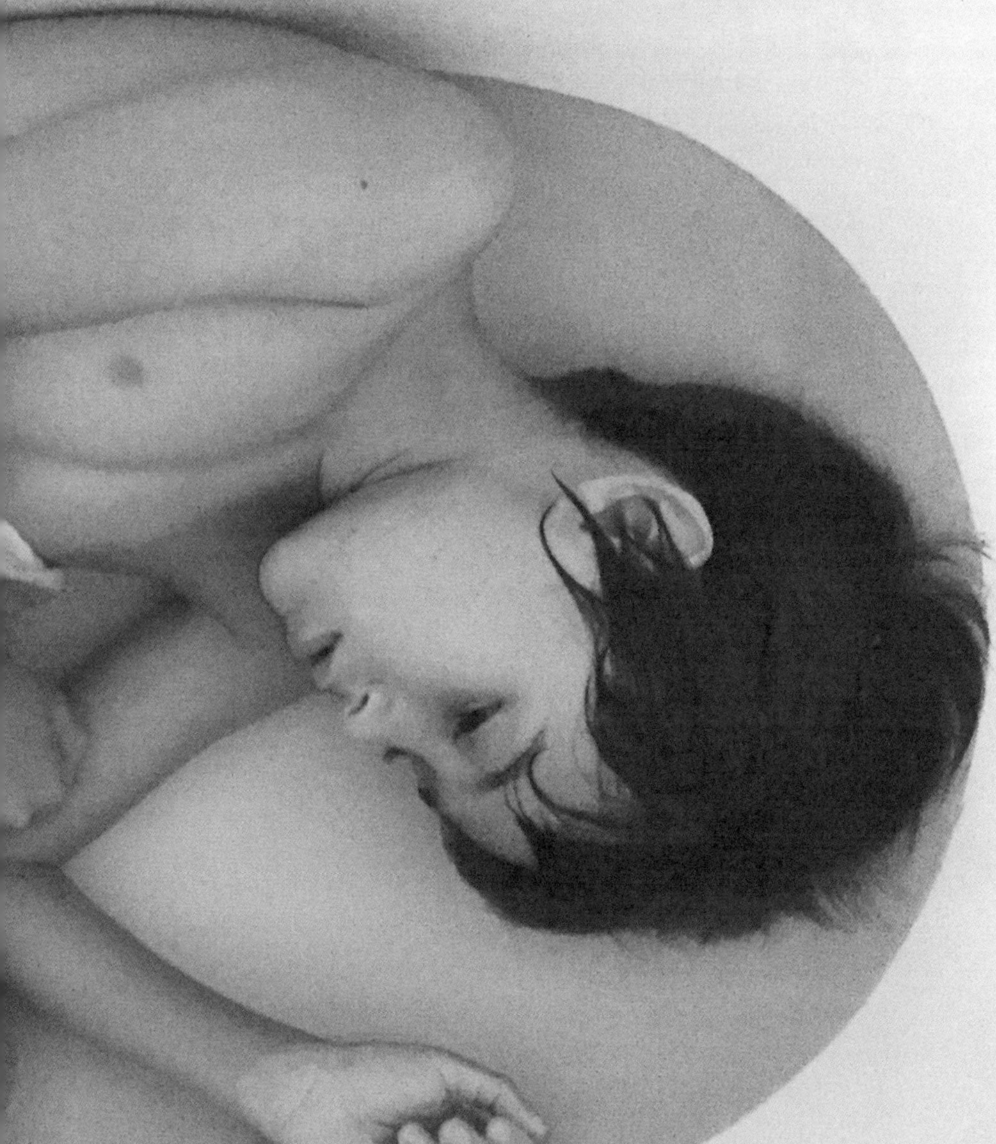

17 de julho de 2017

DEZ ANOS DEPOIS (PARA GUILHERME)

Hoje tive saudade daquele ovo estrelado que só você fazia. Acho um absurdo que não exista uma forma de nos comunicarmos pra você me explicar direitinho aquele segredo de baixar o fogo enquanto joga água sobre a tampa da panela. Queria saber fazer a mágica de uma gema cremosa, sem ser fosca.

Lembro de quando a minha fome era um presente pra você. Cozinhar era uma das suas formas de amar. Foi duro ficar sem esses cuidados, dentre outros tantos.

Um dos meus grandes desafios é agradar ao paladar do Francisco – convencê-lo a experimentar um novo prato é o primeiro obstáculo. Na tentativa de ensinar novos sabores, sou eu quem aprende. Descobri o prazer de picar legumes e hoje até compro livros de receitas. Uso a cozinha para pensar. Preparar um prato no fim de semana é o momento de estar comigo.

Interessante como quem passa pela nossa vida passa a morar em nós. É o Fran quem tem você no DNA, mas deram um jeito de incrustar a sua genética em mim.

Um dia ele filosofou: *"com a máquina do tempo, eu ia poder encontrar meu pai"*. Escrever foi a minha máquina do tempo. Quando percebi que seria possível entregar você nas mãos do Francisco, passei a respirar melhor. Não imaginava que nas palavras coubesse tamanho poder. Uma pena que eu não possa fazer isso nas duas direções. Queria poder entregar a você toda a poesia do nosso Francisco.

Eu acho que também morri naquele dia. Deus não podia estar falando sério. Meu coração bateu emburrado por uns tempos. Precisei mergulhar no luto para não morrer dele. Depois renasci. Nunca mais a mesma, claro.

Dissemos adeus num dia e no outro eu já estava com o Dani no shopping, comprando um móvel que faltava em casa. Eu tinha medo que o Francisco resolvesse chegar antes. Uma mulher grávida passeando pelo *mall* de mãos dadas com um homem seria uma gestante comum, não fosse a dor que eu carregava dentro de mim – ela pesava bem mais que o Francisco.

Em uma semana, meu corpo estava de volta ao trabalho. A alma permaneceu num quarto escuro. Eu observava as pessoas como um ET. Um colega nervoso por causa da lentidão de um computador me parecia uma cena absurda. Não havia assunto ou urgência que tivesse significado diante da minha perda. Respirar, pensar, existir. Não havia verbo que não doesse. Talvez dormir, mas o preço era muito alto: eu tinha que acordar no dia seguinte.

A morte não é problema: é uma verdade disfarçada de absurdo. Já o meu problema era conseguir disfarçar minha própria ausência. Entrar em uma reunião, sorrir para o cliente e fazê-lo acreditar que eu estava mesmo interessada em seu aumento de vendas era exercício de atriz. Eu precisava encenar aquela peça quantas vezes fosse necessário, até que enfim o Francisco nascesse.

Eu me lembro de vagar pela cidade como numa cena sem áudio. Olhava ao redor e me perguntava com que direito as pessoas sorriam, se dentro de mim as luzes estavam apagadas. Os dias se repetiam e com eles, a morte. Nenhum telefonema seu. A confirmação chegava com os silêncios. Ao acordar, estava lá a sua ausência de novo. A cada lembrança, outra morte. Foi assim até me acostumar. E me acostumar estava longe de ser alívio.

Quando o Fran nasceu foi parecido. Só que era vida. Toda hora a vida de novo. A cada instante olhar e ver: nasceu, é nosso filho. Respira, mexe, chora, mama, é vida. Nascimento e morte são duas verdades que crescem diante de nós, até que possamos de fato acreditar. Uma tão próxima da outra, as duas lado a lado comigo. Eu era a mãe mais feliz. Eu era mulher mais triste. Experimentei a humanidade na veia. Para dar conta de tudo isso, escrevia. Mas era com você que eu tentava falar. Como se as folhas de papel fossem colocadas numa garrafa, que um dia pudesse alcançá-lo em algum lugar do oceano. Era um pedido de socorro.

Doses diárias e cavalares de Francisco, alegria e tristeza sublimes em mim, fomos crescendo. Aos poucos eu ia aprendendo a ser mãe e acomodando a saudade até que ela doesse com costume, até que ela não me aterrorizasse mais. E a escrita foi abrandando.

Francisco tinha quatro meses quando escrevi a primeira carta pra ele. Compreendi que era para ele que eu precisava falar. Ele, sim, leria tudo algum dia. Minha mensagem chegaria ao seu destino. Transformando a dor em escrita, impedi que ela engolisse a minha alegria. Ao falar com ele, eu também estava falando com você. E ao falar de você, eu também estava falando dele. Escrevendo, me lia. Falava comigo mesma, recitava um mantra de esperança.

Eu precisava fazer minha mensagem chegar até o Francisco em algum ponto do futuro – e publicá-la ao longo do caminho era o combustível.

A escrita encontrou eco – para algumas pessoas foi espelho, para outras foi consolo, para muitas é lição. Para mim, o tempo todo, foi cura. Entender que a minha dor, aparentemente inédita, falava tanto para tantas pessoas. Entender que somos feitos do mesmo, todos nós, fora algumas desumanas exceções. Entender que estamos todos juntos.

Estava firmado o compromisso, a disciplina de escrever. Talvez, sem que as pessoas me lessem, a rotina tivesse me engolido e eu parasse no meio do caminho. Mas a família tinha aumentado. Francisco multiplicou as mães que tinha, pais atentos pousavam sobre ele olhos carinhosos. Eu cuidava do Fran e das nossas memórias, sem deixar faltar calor a nenhuma das partes.

Você fez bem mais que um filho em mim. Preparou a minha escrita para nascer. Depois dela, aprendi a florescer.

Como um filho, um livro é para o mundo. Um livro é um contador de histórias. Autônomo, independe da presença de quem o escreveu. Um livro é pura generosidade. Este leva você até o Francisco, como a garrafa com o bilhete. Atravessa o tempo e a vida.

Nesses dez anos que se passaram, você fez mais falta nos momentos alegres. Um filho é grande demais para não compartilhar. O tempo de vida do Fran é o nosso tempo sem você. Hoje sei mais sobre ele. Ou talvez não. Se todos os dias ele me conta tanto sobre mim, deve contar sobre você também.

Talvez seja cedo pra dizer se errei ou acertei. Talvez em vão: não há chance de tentar de novo. Aprendi a ser mãe sendo – tantas vezes duvidei de mim. Olho para ele e me alumbro. Construímos nossas regras, lapidamos conflitos e, ao que tudo indica, demos conta do recado.

Elogiado pela doçura e educação, Francisco conquista as mães e pais dos amigos. O quarto raramente está arrumado, livros não são o seu forte, mas ele vai bem na escola e, o mais importante: conhece o valor do afeto. Adora Matemática, diz que detesta Português, mas tirou primeiro lugar no concurso Soletrando. Descobriu no basquete um gosto e um talento. Quer fazer aulas de violão, desistiu da bateria, viciou no video game. Um menino como outro qualquer.

Anos atrás, enquanto eu me arrumava pra sair, ele me perguntou aonde eu ia. Expliquei que ia a um concurso de misses e logo expliquei: concurso da mulher mais bonita. *"Garanto que você vai ganhar"*, ele disse. Não há dúvidas, é mesmo seu esse menino.

A dor me levou a muitos lugares e cada vez mais longe. Cheguei bem perto de mim mesma. Viver o seu luto me fez nascer de novo, mas nesses dez anos saí de tantas outras cascas. Nasci e renasci diversas vezes. É aquela história: se um ovo se rompe por uma força externa, é vida que termina; se a força é interna, é vida que começa. Pelo jeito, você é mesmo bom em preparar um ovo.

Obrigada por deixar o amor plantado aqui. A gente colhe flores dele todos os dias.

AGRADEÇO:

Ao nosso querido amigo Henrique Lizandro, que pintou afeto em azul-turquesa. Ao Fernando Martins, por mais este retrato-amor. À Lis Peixoto, que desta vez colocou mais que os olhos no livro: deixou a alma inteira.

Aos queridos Marcos Piangers, Cristiane Lisbôa e Ana Cláudia Quintana Arantes, generosos em dar motivos para que se compre um livro pela capa.

Ao Thiago Mlaker, que pega o touro à unha de maneira a tornar o desafio doce e prazeroso – o resultado é um reflexo do caminho.

Às nossas famílias e amigos (meus e do Gui) – quanta gente cabe nessas duas palavrinhas.

À Ju Sampaio, responsável pela minha entrada no mundo dos blogs. A Flávio Guerra, José Carlos Mauricio, Marcela Dantes, Daniel de Jesus, Cristina Cortez, Elisa Mendes, Carlinhos, Marcos Pina, Teresa Brandão, Glicéria Prisca, Carla Madeira, Mirna Nogueira, Beth Bylaardt, Cynthia Falabella, Afonso Borges, Alonso Alvarez, Teresinha Mendes, Solange.

Ao Pedro Almeida, sempre – já disse que te amo hoje?

A Lia Bock, Sandra Soares, Lilian Monteiro, Mauren Motta, à equipe do Globo Repórter e aos muitos outros jornalistas e blogueiros que fizeram da minha voz um coral.

A você, que ao pousar seus olhos sobre a nossa história, ajudou a eternizá-la. A cada Francisco, Gui ou Cris que habita a sua alma.

E a você, de quem eu fatalmente me esqueci, mas a quem também sou muito grata – com o meu pedido adiantado de desculpas.

Para ter acesso
exclusivo a imagens
desses dez anos de
história:

Para ouvir as
músicas citadas
no livro e mais
algumas:

Este livro foi composto nas tipologias Linux Libertine e Din
e impresso em papel Offset 90 g/m² na Grafica Stamppa